DES MARCHÉS À CONQUÉRIR

CHINE, HONG KONG, TAIWAN ET SINGAPOUR

Les Éditions
TRANSCONTINENTAL inc.
1100, boul. René-Lévesque Ouest
24ᵉ étage
Montréal (Québec)
H3B 4X9
Tél. :   (514) 392-9000
        1 800 361-5479

Fondation de l'Entrepreneurship
160, 76ᵉ Rue Est
Bureau 250
Charlesbourg (Québec)
G1H 7H6

Tél. :   (418) 646-1994
        1 800 661-2160

Cet ouvrage porte sur la Chine, Hong Kong, Taiwan et Singapour, un groupe de pays asiatiques où la culture chinoise est dominante. Il sera complété par d'autres ouvrages portant sur d'autres pays d'Asie et d'Amérique latine. Il fait partie des projets du Centre d'entreprises de la Faculté d'administration de l'Université de Sherbrooke.

Pour réaliser ces projets, le Centre d'entreprises a bénéficié de subventions de la part de la Fondation Asie Pacifique.

Révision :
       Sabine Gauthier et Pascal Saint-Gelais

Correction d'épreuves :
       Andrée Bonneville

Photocomposition et mise en pages :
       SIMD

Dépôt légal – 2ᵉ trimestre 1995
       Bibliothèque nationale du Québec
       Bibliothèque nationale du Canada

ISBN 2-921030-89-6   (Les Éditions)
ISBN 2-921681-15-3   (La Fondation)

DES MARCHÉS À CONQUÉRIR

CHINE, HONG KONG, TAIWAN ET SINGAPOUR

PIERRE R. TURCOTTE

Les Éditions
TRANSCONTINENTAL inc.

Fondation de
L'Entrepreneurship

Dire que vous savez quand vous savez et dire que vous ne savez pas quand vous ne savez pas, cela est la connaissance.
- Confucius

À Laurence, Pierre-Christophe et Colette

REMERCIEMENTS

Je veux remercier d'une façon particulière tous ceux et celles qui ont contribué d'une façon significative à la réalisation de cet ouvrage sur l'Asie. Avant mon départ, M. Irwin Rosenfeld, du ministère des Affaires extérieures et du Commerce extérieur à Ottawa, a eu la courtoisie de me faire profiter de ses nombreux contacts asiatiques.

Sur place, plusieurs personnes ont déployé des efforts soutenus afin de faciliter mon séjour en Asie et ma recherche d'entrevues enrichissantes (65 représentants gouvernementaux et des gens d'affaires). Je veux ainsi remercier M. François Mong, du Commerce extérieur du Canada à Taipei, M. Rodney Briggs, premier secrétaire et consul de l'ambassade du Canada à Pékin, M. P. H. N. Mailhot, consul général à Shanghai, Mme Mireille Lafleur, de l'Office du gouvernement du Québec à Hong Kong, M. Lawrence Leung, de l'ambassade du Canada à Hong Kong, M. Bernard A. Gagosx, du Haut-Commissariat du Canada à Singapour, et enfin M. David McKinnon, deuxième secrétaire et vice-consul de l'ambassade du Canada à Bangkok.

Finalement, j'aimerais accorder une pensée spéciale à Shang Hua, Sun Li et Liu Jun, de la République populaire de Chine, qui m'ont fait merveilleusement comprendre ce que signifie la loyauté.

STOKE
Septembre 1994

PRÉFACE

À l'heure de la mondialisation des échanges, l'intensification de la concurrence en matière de commerce international oblige les économies canadienne et québécoise à diversifier leurs marchés. Pour réduire leur dépendance à l'égard de l'économie américaine, les entreprises du Québec doivent plus que jamais se tourner résolument vers de nouveaux horizons.

Dans cette perspective, les pays qui constituent le segment asiatique de la ceinture pacifique regorgent d'occasions d'affaires intéressantes pour les entreprises d'ici qui savent comment s'y prendre et qui se donnent la peine de les découvrir.

Traiter avec l'Asie n'est pas simple. Les différences culturelles profondes qui existent entre l'Occident et l'Asie imposent aux entreprises désireuses d'établir des relations commerciales avec l'Extrême-Orient un exercice ardu d'apprentissage des cultures, des mentalités et des us et coutumes des gens d'affaires asiatiques. Développer des relations commerciales ou industrielles avec les pays d'Asie implique également, de la part des entreprises québécoises, un effort important d'évaluation de leur propre capacité à répondre aux attentes et aux exigences des marchés asiatiques. Comme le dit si bien le célèbre philosophe chinois Lao-tseu : «Connaître les autres, c'est sagesse; se connaître soi-même, c'est sagesse supérieure.»

C'est à ce double objectif que répond l'ouvrage de Pierre R. Turcotte, *Chine, Hong Kong, Taiwan et Singapour : des marchés de choix pour les PME québécoises*. Mettant à profit les connaissances acquises, notamment à l'occasion d'un séjour d'études dans les pays d'Asie au cours duquel il a réalisé de nombreuses entrevues avec des gens d'affaires et des responsables gouvernementaux, Pierre R. Turcotte a préparé un guide pratique des échanges économiques avec les pays d'Asie à l'intention des dirigeants d'entreprises du Québec. Les renseignements contenus dans cet ouvrage permettront de mieux connaître les quatre pays d'Asie où la culture chinoise est prédominante et d'évaluer en conséquence le potentiel d'affaires avec ces nouveaux marchés.

L'ouvrage de Pierre R. Turcotte a été réalisé, grâce à une subvention de la Fondation Asie Pacifique du Canada, par le Centre d'entreprises de la faculté d'administration de l'Université de Sherbrooke. En effet, parmi les responsabilités qu'assume le Centre d'entreprises, il lui incombe de mettre à la disposition des entreprises québécoises et de leurs dirigeants des outils pratiques visant à aplanir les difficultés du commerce international.

Souhaitons que les différences entre le Québec et les pays d'Asie, grâce notamment à l'ouvrage de Pierre R. Turcotte, cessent d'être perçues comme des barrières culturelles difficilement franchissables pour devenir, au contraire, des occasions fécondes d'enrichissement mutuel.

Pierre Reid
Recteur de l'Université de Sherbrooke

Table des matières

En Amérique du Nord, les aspects pratiques des affaires sont généralement traités au début d'un ouvrage. On se préoccupe ensuite des phénomènes culturels. En Asie, les aspects pratiques des affaires sont subordonnés à la culture. Nous avons privilégié cette approche et nous traitons de culture d'abord. Elle sert ainsi de contexte aux aspects d'affaires.

AVANT-PROPOS

En mai 1991, la faculté d'administration de l'Université de Sherbrooke obtenait une subvention de la Fondation Asie Pacifique lui permettant de développer une expertise sur les relations d'affaires entre le Canada et l'Asie.

Il a été convenu que cette expertise serait diffusée par la publication d'un guide sur les échanges économiques avec l'Asie et la tenue de séminaires sur la culture d'affaires des pays d'Asie. Ce guide et ces séminaires seraient destinés aux dirigeants d'entreprises du Québec et du Canada, provenant de la petite et de la moyenne entreprise, ainsi qu'aux étudiants et étudiantes des différentes universités québécoises et canadiennes susceptibles de s'intéresser aux échanges commerciaux avec l'Asie.

Ces échanges avec les marchés asiatiques peuvent prendre diverses formes : la prospection de nouveaux débouchés pour les entreprises québécoises ou la recherche de nouveaux produits pour les consommateurs d'ici (import-export), une quête de nouveaux fournisseurs ou de sous-traitants, des transferts technologiques, l'établissement d'entreprises en copropriété (*joint ventures*) en Asie ou ici et, finalement, la recherche de financement.

L'étude actuelle porte sur un groupe de pays asiatiques où la culture chinoise est dominante : Taiwan, la République populaire de Chine, Hong Kong et Singapour. Dans un premier temps, nous avons d'abord passé en revue la documentation disponible. La planification du voyage impliquait une recherche de contacts dans les pays visités. La réalisation de la mission d'études en Asie devait, par la suite, nous permettre d'obtenir de l'information de première main. Une fois analysée, cette information servirait de base à la rédaction du guide pratique.

Au cours de notre mission en Asie, nous avons interviewé 65 représentants gouvernementaux et des gens d'affaires. De plus, nous avons visité un certain nombre d'entreprises et avons assisté à deux grandes foires internationales : le Taipei International Electronics Show, à Taiwan, et le Chinese Export Commodities Fair de Guangzhou, en République populaire de Chine.

Le présent ouvrage vise à développer chez les gens d'affaires de la PME québécoise et canadienne des habiletés à établir des liens commerciaux avec des partenaires asiatiques. Il s'adresse aux gens d'affaires qui, soucieux de l'avenir économique du pays, souhaitent prendre de l'expansion par l'entremise des pays de la région Asie-Pacifique.

Ce guide est constitué de six chapitres. Le premier traite de la prédominance de la culture chinoise dans les pays asiatiques que nous avons étudiés. Le deuxième chapitre traite de la Chine, le troisième, de Taiwan, le quatrième, de Hong Kong, le cinquième, de Singapour, et le dernier chapitre vous propose une stratégie d'affaires à utiliser dans ces pays.

INTRODUCTION

Avant de pousser plus loin notre étude des coutumes d'affaires en Asie, nous avons choisi de brosser rapidement un tableau sur l'état de la situation des affaires au Québec et d'évoquer un certain nombre de raisons pouvant inciter les gens d'affaires québécois à se tourner vers l'Asie.

ÉTAT DE LA SITUATION AU QUÉBEC ET AU CANADA

Plusieurs observateurs de la scène économique canadienne admettent que notre société est essentiellement caractérisée par un rythme rapide des changements, et l'accélérateur principal est la mondialisation des marchés. Ce phénomène entraîne nécessairement une mobilité importante de l'économie.

Cette facilité de transformation de l'économie se traduit actuellement, sur le plan international, par une nouvelle répartition du travail basée sur «l'avantage comparatif» d'un pays dans un secteur de production donné. Ce principe veut qu'un pays concentre sa production (spécialisation) et ses exportations dans des secteurs où il détient la plus grande efficacité et qu'il importe de l'étranger les biens qu'il ne peut produire à un coût moindre. Au Canada, par exemple, certaines entreprises de l'industrie du textile se sont déplacées vers des régions et des pays où les salaires sont moins élevés.

En outre, pour assurer leur développement, bien des pays industrialisés se tournent davantage vers des industries de pointe, telles que l'électronique et la biotechnologie : là où la valeur ajoutée (salaires, connaissances) prend de plus en plus d'importance par rapport à la matière première (richesses naturelles). Le Québec devra de toute évidence faire des choix et se spécialiser dans des secteurs industriels où il a un avantage marqué, une province ou un pays ne pouvant pas exceller partout.

Nos choix doivent être axés sur des secteurs où nous pouvons le plus facilement ajouter de la valeur à un produit ou à un service. Pendant longtemps, les Québécois et les Canadiens ont su maintenir un rythme de vie élevé grâce aux exportations de matières premières. De nos jours, de plus en plus de produits à haute valeur ajoutée contiennent un faible pourcentage de matières premières ou de ressources naturelles. C'est le cas, par exemple, d'un téléviseur couleur de 1 000 dollars qui ne contient guère plus de 20 dollars de matières premières.

Pour maintenir leur niveau de vie, les Québécois et les Canadiens devront cesser de compter sur leurs richesses naturelles et miser davantage sur leurs richesses intellectuelles permettant d'ajouter de la valeur à un produit (salaires). D'ailleurs, leurs ressources naturelles (matières premières) diminuent de plus en plus. Dans les années à venir, ce sera, de toute évidence, la matière grise qui se situera au premier rang des avantages comparatifs.

En plus de faire face à la mondialisation des marchés, le Québec et le Canada se retrouvent de plus en plus dans des marchés saturés par la compétition autant locale qu'internationale. C'est pourquoi les consommateurs sont essentiellement plus exigeants que par le passé et qu'il faut être concurrentiel sur le plan international en leur offrant des produits de qualité à bon prix.

Plusieurs s'impatientent et croient qu'il est grand temps que l'économie du pays soit redressée. Non seulement le Canada se retrouve-t-il avec des problèmes conjoncturels, mais il doit faire face également à des problèmes structurels. Après un déclin (-1,7 %) en 1991, l'économie canadienne (produit intérieur brut) a connu une légère croissance de 0,7 % en 1992, pour passer à 2,4 % en 1993. Ces chiffres sont peu reluisants si nous les comparons à la croissance économique de bien des pays d'Asie, se situant à près de 10 % au cours des dernières années.

Selon John Ciaccia, ex-ministre québécois des Affaires internationales, seulement 13 % des PME québécoises font de l'exportation, alors qu'elles assurent 46 % des emplois. Il a remarqué que les exportations du Québec ne suivent pas l'augmentation de volume du commerce international, qui a triplé au cours des vingt dernières années. Les exportations du Québec sont passées de 20,6 % à 15,4 % de son produit intérieur brut au cours des dix dernières années. Les exportations internationales du Québec ne représentent que 16,4 % de celles du Canada.

De plus en plus de gens d'affaires admettent que la source de nouveaux emplois et d'une nouvelle croissance économique doit passer par l'augmentation des exportations. Une dépendance trop étroite des exportations en direction du marché américain rend le Québec et le Canada vulnérables. Or, plus de 75 % de nos exportations actuelles prennent la route des États-Unis contre 65 % il y a dix ans.

Pour sa part, le président du conseil d'administration et chef de la direction de la Banque Scotia, M. Cedric Ritchie, affirmait le 21 janvier 1992, au cours de l'assemblée annuelle des actionnaires, que les pays en développement de l'Asie et de l'Amérique latine sont des éléments importants de la solution au problème de la croissance future du Canada. Il a en outre déclaré : «Les exportateurs canadiens ne devraient pas se contenter de Cleveland, New York et Los Angeles. Ils devraient également prendre l'avion vers des destinations comme Santiago, Djakarta, São Paulo et Shanghai[1].»

Entre 1979 et 1989, le Canada a enregistré la plus faible hausse de productivité parmi le G-7 — les sept puissances industrielles du monde, soit : les États-Unis, le Japon, l'Allemagne, la Grande-Bretagne, la France, l'Italie et le Canada. Le Canada arrive à l'avant-dernier rang quant aux investissements en recherche et développement, tout en conservant un des pires taux de décrochage scolaire. Les entreprises canadiennes devront être plus compétitives, et, pour ce faire, il existe au moins deux solutions évidentes : une plus grande attention à la formation professionnelle et une intégration aux modes de gestion des principes de l'engagement envers la qualité totale.

En ce qui concerne les échanges internationaux, une stratégie susceptible de stimuler les exportations canadiennes serait d'accorder plus d'importance aux actions qui contribuent à renforcer sa structure industrielle, soit par des alliances, soit par l'appui aux implantations d'entreprises québécoises à l'étranger, soit encore par l'accueil d'investissements étrangers au pays. Il est grand temps que nous dépendions de moins en moins d'une économie de production de masse et que nous orientions les efforts de tous vers la création d'emplois en favorisant davantage une économie de valeur ajoutée. Nous avons d'ailleurs constaté la constance de cette préoccupation dans la plupart des pays de la région asiatique que nous avons visitée.

Face aux problèmes économiques que vit le Québec depuis quelques années, le ministre de l'Industrie, du Commerce et de la Technologie, Gérald Tremblay, dévoilait le 2 décembre 1991 une nouvelle stratégie économique visant une meilleure transition du Québec d'une économie de production de masse à une économie de valeur ajoutée[2]. Ce plan de développement est fondé sur la constitution de grappes, au sein desquelles les entreprises d'un même secteur d'activité industrielle interagissent, afin de stimuler la création de nouveaux emplois. En plus de cette interaction, ces entreprises peuvent se regrouper et se concurrencer entre elles afin d'accélérer leur croissance et leur compétitivité.

Le gouvernement québécois a identifié 13 secteurs industriels considérés comme stratégiques et sur lesquels il veut asseoir le développement économique du Québec pour la prochaine décennie.

Cinq de ces secteurs (désignés sous le nom de «grappes industrielles concurrentielles») sont déjà jugés compétitifs à l'échelle internationale : les industries aérospatiale, pharmaceutique, de l'équipement d'énergie électrique, des produits des technologies de l'information et de la transformation des métaux et des minéraux.

Les huit autres grappes, appelées «grappes stratégiques», quoiqu'elles offrent un bon potentiel, semblent moins ou non concurrentielles et desservent généralement un marché régional, provincial ou national. Elles désignent le secteur du transport terrestre, de la pétrochimie et des plastiques, de l'industrie bioalimentaire, de l'habitat, de la mode et des textiles, de l'industrie forestière, de l'environnement et des industries culturelles.

Mais, pour que cette stratégie des grappes industrielles ait des chances de succès, les entreprises du Québec devront constituer des alliances avec d'autres entreprises du Canada, d'Amérique et d'ailleurs dans le monde.

Si cette stratégie industrielle du Québec peut éventuellement se traduire en action, elle pourra sans doute l'aider à se tirer d'affaire. Il est cependant permis de croire que, pour augmenter à long terme leur taux de croissance économique et réduire leur taux de chômage, le Québec et le Canada devront exporter davantage. Ils devront asseoir leur production sur des produits à haute valeur ajoutée nécessitant une main-d'œuvre qualifiée et un équipement de production perfectionné. Comme nous l'avons suggéré antérieurement, les entreprises devront aussi accroître leur compétitivité. Il serait également sage que les entreprises québécoises et canadiennes diversifient davantage la des-

29

tination de leurs exportations afin de réduire leur dépendance vis-à-vis du marché américain, évitant ainsi de subir les soubresauts de cette économie.

Il est raisonnable de croire que le nouvel accord de libre-échange nord-américain (ALENA), conclu en août 1992 à Washington, peut permettre à l'économie mexicaine de s'engager dans la voie de la croissance, ce qui devrait se traduire par des investissements massifs dans ses infrastructures et profiter ainsi à bien des entreprises québécoises et canadiennes.

Nous verrons que l'Asie fournit également une solution à la diversification des exportations des entreprises québécoises et canadiennes et que bien des gens d'affaires d'ici auraient de bonnes raisons de se tourner davantage vers cette région du monde dans leurs échanges économiques.

LES AVANTAGES À SE TOURNER VERS LES MARCHÉS ÉTRANGERS

Les gens d'affaires québécois ou canadiens peuvent être intéressés à collaborer sur une base commerciale avec des pays étrangers pour une foule de raisons. Selon une étude récente effectuée auprès des lecteurs de la revue *Nation's Business*[3], les raisons qui incitent les PME américaines à investir à l'étranger sont les suivantes.

Pour augmenter le chiffre des ventes

Se tourner vers les marchés étrangers à la suite d'une stagnation des ventes sur le marché local peut permettre l'augmentation du chiffre des ventes d'une entreprise.

Une trop forte compétition étrangère sur le marché local

La compétition étrangère est de plus en plus forte sur les marchés nord-américains. Les importations qui s'accroissent à un plus grand rythme que les exportations témoignent de ce phénomène.

L'émergence de nouveaux marchés dans le monde

Par le passé, plusieurs pays ont peu fait appel aux importations, alors que d'autres étaient fermés aux Occidentaux. C'était le cas, notamment, de certains anciens pays communistes. D'autres territoires nouvellement industrialisés, comme Taiwan, disposent d'un plus grand revenu disponible à des fins d'importation.

La piètre situation économique locale

La situation économique difficile dans un pays n'est pas nécessairement la même dans d'autres. Des ventes à l'étranger peuvent donc compenser une faible demande locale et même diminuer les prix de revient.

La faiblesse du dollar

La faiblesse du dollar canadien peut rendre les exportations encore plus attrayantes sur les marchés étrangers; les produits canadiens peuvent alors apparaître comme des aubaines.

Le cycle de vie plus court des produits

Les nouvelles technologies raccourcissent de plus en plus la durée de vie des produits locaux.

L'accroissement des profits

Bien souvent, les ventes locales d'un produit peuvent permettre d'amortir les coûts fixes de fabrication. Le profit brut provenant des ventes sur le marché international peut alors s'accroître plus rapidement. Un plus grand chiffre de ventes permet également de réduire le prix de revient unitaire (économies d'échelle).

Une moins grande dépendance par rapport à un seul marché

La diversification des marchés assure un meilleur avenir à l'entreprise. Elle réduit la dépendance vis-à-vis du marché national et du marché américain.

SE TOURNER VERS L'ASIE

Certains pays d'Asie peuvent représenter un intérêt pour les gens d'affaires canadiens, notamment grâce à l'importance de leur marché potentiel. C'est le cas en particulier de la Chine avec sa population de 1,2 milliard d'habitants. D'autres pays asiatiques, comme Taiwan et Singapour, peuvent aussi représenter un intérêt en raison de leur expertise technologique ou de leur important revenu par habitant.

Pour notre part, nous nous limiterons à quatre pays : la République populaire de Chine, Taiwan, Hong Kong et Singapour. Avant d'aborder la situation économique de chacun d'eux, il nous semble important de rappeler d'abord certaines notions générales susceptibles d'éclairer la lecture de cet ouvrage. Ainsi, l'Asie du Nord-Est est constituée par le Japon, la Corée du Nord et du Sud, la Chine, la Mongolie et les districts de Sibérie de l'ancienne Union soviétique. L'Asie du Sud-Est comprend : le Viêt-nam, le Laos, le Cambodge, la Thaïlande, la Birmanie, la Malaisie, Singapour, l'Indonésie, la Malaisie orientale, le Brunei et les Philippines (voir carte géographique).

Notons également qu'un certain nombre d'organismes ont été créés pour défendre les intérêts des pays asiatiques. C'est le cas notamment de l'ASEAN (*Association of South East Asian Nations*) et de l'APEC (*Asia Pacific Economic Cooperation*). Rappelons enfin que le triangle de la croissance est composé de Singapour, du Johore et du Batam.

Parmi les pays sur lesquels porte notre analyse nous retrouvons trois des quatre petits «tigres» de la région. Ils sont surnommés ainsi à cause de leur esprit combatif et de leur petite taille qui leur permettent de s'adapter avec habileté. Ces quatre petits tigres sont Taiwan, la Corée du Sud, Hong Kong et Singapour. Ils sont aussi appelés les quatre «petits dragons», la Chine étant le grand dragon, suivant la tradition orientale. Ces quatre petits dragons ont en commun une forte croissance économique et ils partagent tous les quatre les valeurs du confucianisme : la diligence, l'éducation et l'économie (frugalité). La formule qui leur a permis la prospérité est simple : exporter massivement vers les États-Unis et l'Europe des produits à bas prix.

Sud-Est asiatique

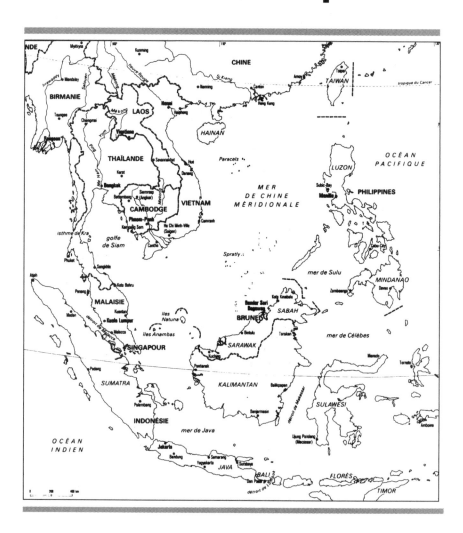

Ils ont également en commun leur dépendance vis-à-vis des marchés extérieurs. La combativité qu'ils ont dû démontrer en ce domaine les a obligés à travailler plus fort de manière à développer une efficience leur permettant d'être concurrentiels sur les marchés internationaux, tant au point de vue de la qualité que des prix.

Les occasions d'affaires sont nombreuses dans plusieurs pays d'Asie, dont le grand dragon. L'économie des petits dragons connaît en général une accélération fulgurante. Néanmoins, ces économies ont parfois besoin de ralentir afin de se consoler et de permettre aux divers gouvernements d'ajuster les infrastructures au rythme de la croissance économique, tout en tentant de résoudre les problèmes d'insuffisance de main-d'œuvre.

Dans le même ordre d'idées et à propos de la place que devraient occuper le Québec et le Canada sur la scène internationale, il est intéressant de noter que Taiwan se propose, dans les six prochaines années, de consacrer annuellement près de 50 milliards de dollars américains à la rénovation de son infrastructure routière, ferroviaire, maritime et aérienne ainsi qu'à la modernisation de son réseau d'énergie. Pour sa part, le gouvernement de Singapour prévoit dépenser, dans la prochaine décennie, approximativement 6 milliards de dollars canadiens pour agrandir ses ports, ses services publics et son système de télécommunication. La Chine prévoit, quant à elle, importer annuellement pour environ 1 milliard de dollars américains au cours des cinq prochaines années en matériel de télécommunication.

En nous référant aux grappes industrielles du ministre Tremblay dont nous avons fait état, il est facile de constater dans quels secteurs le Canada et, plus particulièrement, le Québec pourraient se tailler une place, et faire des affaires à Taipei, à Shanghai et à Bangkok dans des secteurs où les entreprises sont déjà concurrentielles : aérospatiale, équipement d'énergie électrique et transport terrestre.

Il existe bien d'autres nouveaux secteurs d'activité où le Québec et le Canada détiennent une longueur d'avance sur des concurrents étrangers. C'est le cas notamment de la biotechnologie dans les domaines de l'agro-alimentaire, de la santé, de l'environnement et de la foresterie. Cette nouvelle sphère d'activité aura dans les années 90, selon bon nombre d'experts, un impact économique aussi important que celui de l'électronique dans les années 70. Ainsi, au Canada, les ventes des 220 entreprises de ce secteur d'activité ont totalisé plus de 660 millions de dollars en 1989. Près du tiers de ces entreprises sont établies au Québec. Le Québec regroupe également près de la moitié des entreprises du secteur de l'industrie pharmaceutique du Canada, secteur où le Québec détient déjà un avantage concurrentiel sur le plan international.

Mentionnons également le secteur de la télécommunication, où 100 entreprises emploient plus de 20 000 personnes. Plus particulièrement, il s'agit d'équipement de production de voix et d'images, de transmission de données et d'équipement de communication et de réception. L'entreprise Northern Telecom est le géant de cette industrie, suivie de Spar Aerospace, Marconi Canada, Postron, SR Telecom et C-Mac.

Ces brefs commentaires nous incitent à croire que l'Asie regorge d'occasions d'affaires. Par ailleurs, la tendance à la mondialisation des marchés, le besoin de plus en plus pressant de réaliser des produits à haute valeur ajoutée, la baisse de nos exportations et notre dépendance de plus en plus marquée vis-à-vis du marché américain, la nécessité de réduire le taux de chômage pour alléger les charges sociales des divers paliers de gouvernement, ainsi que la valeur incontestable de notre expertise dans bien des domaines d'activité nous obligent à admettre que nous devrons dorénavant nous tourner vers l'Asie.

NOTES

1.   PRESSE CANADIENNE, *La Tribune*, Sherbrooke, Halifax, 22 janvier 1992.

2.   PRESSE CANADIENNE, *La Tribune*, Sherbrooke, Montréal, 3 décembre 1991.

3.   HOLZINGER, A.G., «Reach New Markets», *Nation's Business*, décembre 1990, pp. 18-27.

CHAPITRE 1

QUELQUES ASPECTS DE LA CULTURE CHINOISE

D'une manière générale, la culture d'une société conditionne le contexte d'affaires. Pour bien saisir le monde des affaires chinois, il est essentiel d'être sensibilisé à sa culture. Bien des Canadiens ont été confrontés à la culture chinoise, la plupart des grandes villes canadiennes ayant leur *chinatown* : Montréal, Toronto et Vancouver.

La culture est constituée de connaissances et de croyances acquises servant à interpréter le monde dans lequel des gens vivent, et elle influence leurs manières de se comporter. Par exemple, on dit des Arabes qu'ils sont fatalistes, et l'expression *Bukra insha Allah* (demain si Dieu le veut) en dit long à ce sujet. **Dans un contexte où le destin dépend de Dieu, il est plus difficile de songer à utiliser des méthodes de planification des activités d'une entreprise, puisque c'est Lui qui décide**.

Plusieurs pays de la partie asiatique de la ceinture pacifique (*Pacific Rim*), d'une circonférence de près de 10 000 km et qui s'étend du nord du Japon au sud de l'Australie, partagent la culture chinoise, dont Taiwan, Hong Kong et Singapour.

Les manifestations artistiques, intellectuelles et religieuses qui définissent la société chinoise, dont bien des formes d'expression sont millénaires, sont à la fois complexes et subtiles. Nous verrons les valeurs culturelles chinoises dominantes, les principales religions, les coutumes locales, certaines croyances et traits particuliers des Chinois. Enfin, nous terminerons en prodiguant quelques conseils sur la manière de faire des affaires en Asie tout en respectant certaines coutumes locales.

LES VALEURS CULTURELLES

Les valeurs représentent une conviction profonde sur ce qui est bon ou mauvais et sur ce qui est important ou non. Chez les Chinois, les aspects de la culture qui revêtent une grande importance sont la famille, le langage verbal et non verbal, l'événement et son contexte, la signification du temps, et les concepts de «face» et de «*guanxi*».

LE CULTE DE LA FAMILLE

L'un des aspects dominants de la culture chinoise est le culte de la famille. Pour bien pénétrer la culture chinoise, il faut également reculer aux premiers instants de la vie des Chinois. Ainsi, immédiatement après sa naissance et après avoir gigoté quelques instants, le bébé chinois est enveloppé dans une couverture, bien ficelé, les bras allongés le long du corps : les moments de liberté ont été bien brefs! Il n'y a que les yeux et les lèvres qu'il peut encore bouger.

Mis à part cette discipline précoce, les Chinois adorent les enfants. Dès leur tendre enfance, il est de coutume de répondre immédiatement à leurs moindres désirs et de ne jamais les laisser seuls. Ils dorment même avec leur mère jusqu'à l'âge de six ou sept ans. Cependant, dès l'âge de trois ou quatre ans, les parents essaient de leur inculquer les fondements de la culture chinoise : le respect de la famille et particulièrement du père, le contrôle des émotions et le sens de la honte à la suite de comportements inacceptables.

Le respect de la famille et le sens de la hiérarchie sont au cœur même de la culture chinoise. Ce sens aigu de la hiérarchie chez les Chinois provient sans doute en grande partie des cinq relations cardinales de Confucius :

- souverain et ministre;

- père et fils;

- mari et épouse;

- vieux et jeunes;

- entre amis.

Très tôt, l'enfant doit apprendre à vouer un respect inconditionnel envers la famille. Il doit éviter de démontrer de l'hostilité envers le père et apprendre à le respecter. Le fils doit se rendre compte que si le père n'a pas de prestige et n'est pas respecté, il en sera de même pour lui.

Si les parents incitent leurs enfants à contrôler leurs émotions (discipline), c'est qu'un membre extérieur pourrait s'en servir pour les manipuler. La honte chez les Chinois est un outil de conditionnement, et l'enfant doit apprendre très tôt que, pour préserver l'amour et le soutien de la famille, il doit avoir une bonne conduite. Dans une telle éducation, les châtiments psychologiques seraient plus forts que les punitions corporelles.

La culture chinoise est marquée par une considération respectueuse envers l'âge et l'autorité. C'est pourquoi les grands-parents chinois sont souvent les leaders d'unité de travail. En Amérique, au contraire, la considération se porte souvent vers la jeunesse et son goût du risque et de l'aventure.

La déférence (considération respectueuse) des Chinois envers l'âge se concrétise dans le langage verbal, qui reflète cette préoccupation. Ainsi, *lao* est utilisé pour s'adresser à son supérieur; *xiao*, à son subordonné; on utilise d'ailleurs ce dernier avant le nom de famille.

Cette considération envers l'âge nous permet aussi de comprendre les grandes différences de salaire entre jeunes et vieux travailleurs chinois, alors qu'elles sont minimes entre les catégories d'emploi (plus particulièrement en République populaire de Chine). En outre, cela explique pourquoi **les subalternes chinois manifestent une confiance aveugle envers leurs supérieurs et pourquoi ils préfèrent bien souvent un style de direction autoritaire plutôt que participatif comme on le fait en Amérique**.

C'est sans doute pour les mêmes raisons que les jeunes cadres étrangers peuvent parfois manquer de crédibilité face à leurs associés chinois. À cet effet, **il serait sage de la part de la direction d'entreprises occidentales de nommer des cadres et des négociateurs plus âgés pour les discussions délicates, surtout au début d'une affaire avec les Chinois**.

Nul doute que la discipline précoce à laquelle sont astreints les Chinois explique en partie comment cette vaste population de 1,2 milliard d'habitants arrive à vivre ensemble en harmonie. Une jeunesse trop bien traitée ne serait pas conforme à la réalité de l'adulte chinois.

Ces quelques notions préliminaires sur la culture chinoise donnent l'occasion aux gens d'affaires étrangers de **saisir l'importance de la hiérarchie et de la discipline au cours de rencontres d'affaires**. Ainsi, par exemple, il est important d'être ponctuel à des rendez-vous d'affaires. Dans les discussions de groupe, il convient de s'adresser à la personne ayant le statut le plus élevé, l'âge conférant souvent un statut plus important que la position hiérarchique.

LE GROUPE D'ABORD

Si la famille est le cœur de la société chinoise, la famille élargie de même que les amis et le groupe de travail occupent une place également prépondérante pour les Chinois.

D'une manière générale, certaines sociétés sont orientées plutôt vers l'individualisme et d'autres, plutôt vers le collectivisme. Une culture où l'orientation est d'abord individuelle accorde de l'importance aux fonctions qu'une personne exerce, à son salaire, etc. Ce sont les objectifs individuels qui priment.

Au contraire, au sein d'une orientation collective, ce sont les fonctions du groupe qui comptent plutôt que l'apport individuel. Ainsi, pour les Chinois, les intérêts de toute la famille élargie dominent les considérations individuelles.

LA FACE

Nous avons mentionné plus tôt qu'on apprenait très tôt à un jeune enfant chinois le contrôle des émotions et le sens de la honte à la suite de comportements inacceptables. Le concept de «face» est en quelque sorte relié à cette discipline précoce.

Pour les Chinois, l'un des aspects primordiaux de la culture est celui du concept de «face». La face représente la confiance en la réputation et l'intégrité d'une personne, et celle-ci provient des qualités personnelles, de la richesse, du pouvoir ou des contacts. La perte de la face affecte l'existence d'un individu dans la société chinoise.

La face peut être perdue pour mauvaise conduite (comme ce pourrait être le cas de celui qui critique publiquement le système chinois), pour avoir été congédié ou pour ne pas avoir procuré des faveurs à une autre personne.

Protéger la face de quelqu'un par des mensonges est fréquent et peut s'avérer plus important que l'honnêteté ou l'efficacité au travail. À titre d'exemple, bien des hommes d'affaires chinois n'abandonneront pas une gamme de produits qui ne fonctionne pas de peur de perdre la face. Les Chinois ont d'ailleurs souvent recours à des négociateurs avec les étrangers, car un échec direct leur ferait perdre la face et leur prestige.

Bien des gens d'affaires étrangers peuvent aider des Chinois à gagner la face lors de l'établissement d'entreprises en copropriété (*joint ventures*) et se faire ainsi de grands alliés. Mais ils doivent surtout éviter de les critiquer en public ou de les placer dans une situation où un échec leur ferait perdre la face. Ainsi, selon une remarque pertinente de James Keenan, directeur du bureau du Québec de la Fondation Asie Pacifique du Canada : «Si vous mettez un Chinois dans l'embarras en public, même sans vous en rendre compte, vous en paierez le prix d'une façon ou d'une autre[1].» En effet, les Chinois prennent leur revanche précisément pour ne pas perdre la face.

LA FACE

GAGNER LA FACE :	PERDRE LA FACE :
• contrôler ses émotions; • se bâtir une bonne réputation; • gagner la confiance des autres; • avoir du pouvoir; • avoir des contacts.	• éprouver des sentiments de honte; • avoir des comportements inacceptables; • se faire congédier; • perdre un contrat; • connaître un échec; • ne pas avoir procuré une faveur à un autre.

LE *GUANXI*

Les relations avec les autres sont importantes à l'intérieur de la culture chinoise et peut-être même davantage que dans d'autres cultures. Comme nous l'avons déjà suggéré, même les affaires se négocient dans un contexte de relations personnelles, d'où émerge le concept de «*guanxi*» (en chinois *Kuan-Xie*) propre à la culture chinoise.

Ce concept fait référence à des relations entre deux personnes, dont l'une a besoin de quelque chose que l'autre est en mesure de lui procurer. Ainsi, pour la personne ayant un besoin, avoir du *guanxi* signifie avoir des relations ou un contact avec une autre personne ayant de l'influence, de la richesse ou des habiletés susceptibles de lui venir en aide. L'une des deux personnes est donc dans une situation favorable et l'autre, dans une situation de dépendance.

Il est étonnant de remarquer que, dans les relations de *guanxi*, les deux parties sont gagnantes (voir la figure 1.1). Le membre le plus faible reçoit ce qu'il a demandé et le plus fort acquiert respect et honneur, car d'autres apprendront qu'il a rendu service. Le plus faible doit faire précéder sa demande d'un cadeau, ce qui rend le plus fort dans l'obligation de satisfaire à la demande du plus faible : les deux partenaires sont encore une fois gagnants. Le plus fort s'attend également à ce que le plus faible lui demeure loyal.

Le *guanxi* ne s'inscrit pas dans un type de relations nord-américaines. (Je te donne ceci, tu me donnes cela.) Le plus faible peut revenir plusieurs fois à la charge, et il n'y a pas nécessairement réciprocité. Dans un tel contexte, l'homme d'affaires étranger doit apprendre à avoir des relations avec les Chinois du type : «Que puis-je faire pour lui être utile?» Il pourra ainsi se constituer un réseau d'amis qui lui doivent des faveurs. **L'échange de services et de faveurs crée un sentiment d'obligation réciproque qui cimente l'ami-**

FIGURE 1.1 LE GUANXI

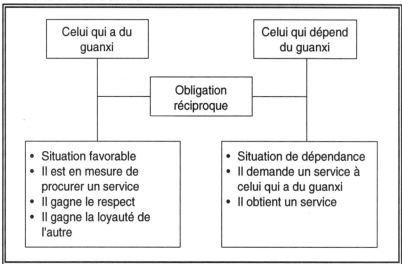

tié et qui permet aux intervenants de mieux se situer dans leurs relations.

En République populaire de Chine plus particulièrement, le *guanxi* peut permettre d'enlever certains freins posés par la bureaucratie et d'avoir, par exemple, de meilleures sources d'approvisionnement, des permis d'importation et d'exportation, etc. De plus, l'homme d'affaires étranger doit apprendre à développer des relations avec ceux qui sont en poste d'autorité et qui ont du *guanxi* ou avec d'autres ayant de nombreuses relations avec des individus possédant du *guanxi*.

LE LANGAGE VERBAL ET NON VERBAL

Nous ne voulons pas nous arrêter ici sur toutes les facettes et les subtilités de la langue chinoise. Retenons toutefois que la plupart des Chinois peuvent relativement bien communiquer dans un langage commun appelé le *putonghua*, quoique la plupart se servent d'un dialecte pour communiquer dans le langage de tous les jours. Dans le sud de la Chine, par exemple, on utilise le cantonais.

Un bon nombre d'hommes d'affaires asiatiques peuvent communiquer dans une autre langue, comme l'anglais et l'allemand. C'est le cas, notamment, des gens d'affaires de Taiwan, de Hong Kong et de Singapour. Cependant, très peu d'entre eux peuvent le faire en français. Il va de soi que connaître le langage chinois peut être un atout important dans le succès de relations d'affaires dans bien des pays d'Asie. Par contre, en Chine, l'anglais et l'allemand sont moins souvent parlés. Nous avons pu constater sur place que plus le statut d'un Chinois est élevé, moins il consentira à parler une langue étrangère, et ce, pour des raisons de fierté nationale. En pratique, particulièrement en Chine, bien des gens d'affaires étrangers ont recours à des interprètes.

L'homme d'affaires étranger doit se rappeler qu'en ce qui concerne le langage verbal des mots qui, en Occident, auraient une signification bien précise peuvent être empreints d'ambiguïté ailleurs. Ainsi, par exemple, le mot chinois «*bu*» (prononcé «pou»), qui normalement signifie non, peut vouloir dire «peut-être que non», «peut-être que oui» ou un «non» ferme. De même en est-il de «*hao*», qui généralement signifie oui, mais qui peut vouloir dire «peut-être que oui», «peut-être que non» ou un «oui» ferme. Un Chinois qui vous dit «oui» ne veut pas nécessairement dire qu'il est d'accord avec ce que vous venez de dire, mais plutôt qu'il a compris et reçu le message.

En Occident, le langage non verbal revêt une grande importance, et c'est peut-être davantage le cas en Asie. D'une manière générale, les messages non verbaux peuvent être catégorisés en messages «rapides» et en messages «lents» (Hall et Hall, cité par Osland)[2] et peuvent dominer une culture. Ainsi, les messages rapides sont ceux de la télévision, des titres et des relations interpersonnelles su-

47

perficielles (rapides). Les messages lents, quant à eux, sont ceux des livres, des arts et des relations interpersonnelles profondes.

La culture chinoise serait dominée par des messages lents et la culture nord-européenne, par des messages rapides, la mobilité géographique nécessitant le développement de connaissances rapides dans une courte période de temps. Ainsi, développer des relations personnelles en Chine nécessite beaucoup de temps, mais celles-ci durent longtemps et sont une assurance de loyauté et d'affection.

Cette notion est primordiale pour l'homme d'affaires étranger qui devra s'attendre à **investir d'abord du temps pour établir des relations personnelles profondes avant de penser sérieusement à faire des affaires ou à signer un contrat**. Il devra également être sensible aux subtilités du langage chinois.

L'ÉVÉNEMENT ET LE CONTEXTE

Il est généralement reconnu en sciences du comportement que le contexte apporte une signification à l'événement. Au niveau culturel, il existerait des cultures à haut contexte et des cultures à bas contexte (voir la figure 1.2).

La culture à haut contexte peut être représentée par un grand réseau familial de collègues et de clients. Ceux-ci ne demandent pas beaucoup de renseignements à la fois : les renseignements sont échangés continuellement. Dans ces réseaux, c'est le communicateur qui compte. C'est le cas notamment des Arabes, des Japonais, des Méditerranéens et des Chinois, qui se préoccupent davantage de la confiance envers l'homme que du contrat proprement dit. De plus, les messages y sont plutôt passés indirectement.

FIGURE 1.2 L'ÉVÉNEMENT ET LE CONTEXTE

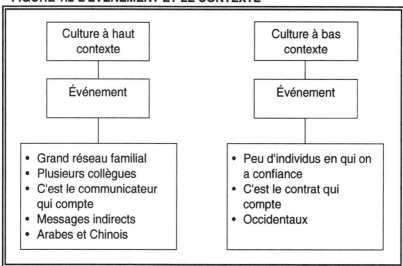

Dans la culture à bas contexte, les gens connaissent peu d'individus en qui ils ont confiance. Ce n'est pas le communicateur qui compte, mais le contrat, l'engagement écrit. C'est le cas notamment des Occidentaux.

Cette notion d'événement et de contexte devrait permettre aux gens d'affaires étrangers de comprendre **l'importance de donner le temps aux Chinois d'approfondir leurs valeurs au cours de sorties informelles** (banquets, restaurants, etc.). On constate d'ailleurs sur place l'importance des rencontres hors du travail, où les Chinois mettent un temps énorme avant d'aborder l'aspect des affaires.

LA SIGNIFICATION DU TEMPS

Selon Hall et Hall[3], il existerait deux principales visions du temps dans le monde : la vision monochronique et la vision polychronique (voir la figure 1.3).

FIGURE 1.3 VISIONS DU TEMPS

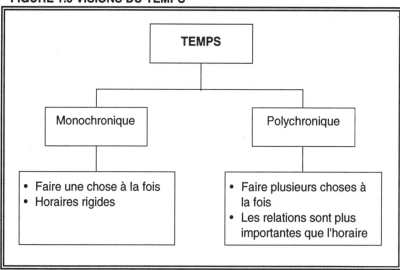

Les gens qui ont adopté la vision monochronique ont tendance à ne faire qu'une chose à la fois. Le temps est hautement structuré et programmé. C'est le cas notamment des Européens du Nord. Pour eux, «le temps, c'est de l'argent». C'est comme si le temps était tangible, et on adhère compulsivement à des horaires et à des plans.

Les personnes dont la vision du temps est polychronique sont portées à faire plusieurs choses à la fois, et leur engagement est plus profond avec les personnes qu'avec la tâche; les relations sont plus importantes que l'horaire. C'est le cas des Latino-Américains et des Asiatiques, dont l'horaire importe moins que les relations personnelles du moment.

Les Chinois ont la particularité d'adhérer aux deux systèmes. Leurs activités formelles d'affaires sont structurées, et les rendez-vous commencent à l'heure. Quant aux activités plus informelles et personnelles, les Chinois les abordent davantage de façon polychronique. Ils acceptent facilement de mettre beaucoup de temps à établir un lien d'affaires. **Une transaction se conduit essentiellement dans le contexte des relations personnelles.**

Si la famille, le groupe d'appartenance, les amis, le langage et la signification donnée au temps sont des aspects importants de la culture chinoise, il en est de même des religions; elles sont des composantes uniques de la culture chinoise et elles la façonnent d'une manière bien particulière.

LES VALEURS CULTURELLES CHINOISES

Le culte de la famille : considération envers l'âge et l'autorité.

Le groupe d'abord : orientation vers le collectivisme plutôt que vers l'individualisme.

La face : confiance dans la réputation et dans l'intégrité d'une personne.

Le *guanxi* : relations avec une personne ayant de l'influence qui peut nous venir en aide et envers qui nous devrons être loyal.

Le langage verbal et non verbal : sauf en Chine, l'anglais est parlé par plusieurs. Il faut mettre du temps pour établir des relations personnelles.

L'événement et le contexte : pour les Chinois, c'est l'individu qui compte. La signature d'un contrat est moins importante.

La signification du temps : les Chinois sont très structurés dans leurs affaires (arriver à temps, par exemple), mais peu dans leur vie privée.

LES RELIGIONS

Il se pratique différentes religions en Asie, et nous allons traiter des plus courantes en Chine, à Hong Kong, à Taiwan et à Singapour. Bien qu'il y ait certaines différences d'un pays à l'autre, les religions ont sensiblement les mêmes fondements. Par exemple, à Taiwan, les religions ont été amenées par les immigrants chinois au cours des derniers siècles et se sont adaptées aux coutumes locales, créant ainsi de nouvelles divinités (la déesse Ma Tsu) et de nouveaux rituels.

Les croyances religieuses ont marqué d'une façon perceptible la philosophie des affaires en Asie. Par exemple, certains projets ne doivent pas démarrer certains jours de l'année. D'une manière générale, les religions chinoises sont fondées sur un amalgame de philosophies et de superstitions anciennes accompagnées de sorcellerie et de magie.

Bien que nous retrouvions en Asie des chrétiens et des musulmans, la vie religieuse des Chinois a été influencée par trois principaux courants : le confucianisme, le taoïsme et le bouddhisme.

LE CONFUCIANISME

Le confucianisme n'est pas une religion en soi; il traite plutôt des aspects politiques et moraux de la vie. En effet, le confucianisme est une philosophie de vie, le grand sage ayant voulu laisser aux dieux les préoccupations célestes.

Confucius, qui a vécu entre 551 et 479 av. J.-C., est l'un des philosophes chinois les plus influents de tous les temps. Il a marqué d'une façon importante la vie sociale chinoise. Confucius voulait faire régner l'ordre social en formant des hommes qui vivent conformément à la vertu.

Les principes de Confucius visaient d'abord à ramener l'harmonie entre les diverses factions sociales et à rétablir l'équilibre entre les extrêmes de la richesse et de la pauvreté. La solution du philosophe résidait dans la coutume de vénérer les bons gouvernements du passé de même que le peuple et la littérature de ce passé. Selon Confucius, la façon pour un peuple de s'éloigner du désordre et de vivre en paix était de suivre la tradition qui permet de maintenir l'ordre sans rupture. La tradition devait nécessairement se transmettre d'une génération à l'autre, tout changement étant susceptible d'amener le démantèlement de la société.

Le sage a précisé les valeurs nécessaires au bien-être d'une société : la courtoisie, la diligence, l'empathie (faculté de percevoir ce qu'autrui ressent), la magnanimité (générosité, bienveillance). Pour lui, il devait y avoir absence de violence et de vulgarité, et les gens devaient non seulement être compétents, mais avoir un bon tempérament.

Comme nous l'avons indiqué plus tôt, l'ordre des choses proposé par Confucius comportait cinq types de relations importantes : père-fils, frère aîné-frère cadet, époux-épouse, ami plus âgé-ami plus jeune et gouvernant-gouverné. À ce propos, il précisait que l'ordre est la piété filiale et le respect de l'âge.

Enfin, le sage croyait que tout ce qu'une personne fait influence les autres et que les actes de chacun ne devraient jamais créer de conflits avec les autres. Il a également prôné le *wen* ou les arts de la paix, qui sont la musique, la peinture et la poésie ainsi que les instruments d'éducation morale induisant l'autocontemplation.

Encore de nos jours, le système de valeurs proposé par Confucius conditionne les relations d'affaires des Chinois de plusieurs manières. Au cours des âges, **ils ont développé un sens aigu de la hiérarchie et un respect pour l'autorité. Ils accordent beaucoup d'importance à la tradition, par opposition au changement qui perturbe la société, et ils valorisent la compétence des travailleurs.**

LE TAOÏSME

Le fondateur du taoïsme (*Tao* ou *Dao,* qui signifie en chinois «voie») est Lao-Tseu connu comme étant le «vieux maître». Il a vécu au sixième siècle av. J.-C., précédant Confucius de 20 ans. Le taoïsme se rapproche davantage de la religion que le confucianisme et représente un amalgame du culte des esprits, des ancêtres et de la nature.

Le «Dao» est le principe régulateur de l'univers et ne peut être conceptualisé. Les êtres se créent spontanément par la coagulation des énergies. Il faut pouvoir s'incorporer à ce processus, devenir un avec Dao et se transformer avec lui.

Lao-Tseu affirmait : «Le Tao ne fait rien, mais toutes les choses se font en conformité avec le Tao.» Tout comme le bouddhisme, le taoïsme considère le désir et la cupidité comme des péchés. Le taoïsme s'intéresse au maintien de l'harmonie avec l'univers et les mystères de la vie. Comme les prêtres bouddhistes, les prêtres taoïstes chantent leurs prières.

LE BOUDDHISME

Gautama, fils du chef du clan des Sakya, que l'on a désigné sous le nom de Bouddha (Sakyamuni) et qui signifie «l'illuminé», est le fondateur du bouddhisme. Il a vécu vers 525 av. J.-C. Le bouddhisme a été importé de l'Inde dans bien des pays à prédominance chinoise.

LES RELIGIONS EN ASIE

LE CONFUCIANISME

- Traite des aspects moraux de la vie

- Accorde une importance au passé et aux traditions

- Ordre social : il est obtenu grâce à une absence de rupture entre le passé et le présent, d'où l'importance de la tradition

- Les changements amènent le désordre

- Les valeurs véhiculées : la diligence, l'empathie, la générosité, la compétence, le respect de l'âge, la piété filiale, la prévention des conflits

- Autocontemplation par l'art et la poésie

LE TAOÏSME

- Prône le culte des esprits, des ancêtres et de la nature

- Le Dao : principe régulateur de l'univers

- Les valeurs véhiculées : le désir et la cupidité sont des péchés : l'harmonie avec l'univers

LE BOUDDHISME

- Importé de l'Inde

- Les valeurs véhiculées : l'amour, la paix, l'austérité, surmonter ses désirs

- Méditation : concentration mystique

Le bouddhisme est à la fois une religion et une philosophie fondée sur l'amour et la paix. Il promet le salut à travers la foi, le mérite et la lumière intérieure. Il traite particulièrement de la vie après la mort et préconise de briser le pouvoir du corps en s'imposant d'importantes austérités, de la

55

méditation et de la concentration mystique. Le bonheur ne peut ainsi apparaître uniquement si l'homme surmonte ses désirs et atteint le nirvana, condition au-delà des limites de l'esprit et des désirs. Pour atteindre le nirvana, il faut se libérer de la cause de la souffrance que représente le désir et ainsi rompre le cycle des naissances et des morts.

Comme nous l'avons déjà souligné, les Chinois confondent souvent religion, croyances populaires, mythes et philosophie de vie. Il est intéressant de noter ici que le mot religieux chinois le plus important est *joss*, qui signifie «chance». Pour qu'elle soit présente, les mauvais esprits doivent être apaisés, de même que les dieux et les dragons endormis doivent être de votre côté.

La construction d'une résidence, d'une chapelle ou de tout bâtiment ne peut avoir lieu avant l'arrivée d'une date favorable et sans le choix d'un endroit propice. On doit brûler de l'encens et faire des offrandes afin d'apaiser les esprits qui auraient pu l'habiter. À ce propos, un entrepreneur texan nous confiait qu'il avait dû retarder de deux semaines les travaux de son équipe de forage à Taiwan afin que la date du début des travaux corresponde à un moment propice aux dieux.

Dans le même ordre d'idées, les contrats d'affaires doivent bien souvent être signés à des moments propices aux dieux et non au partenaire étranger. **L'homme d'affaires étranger comprendra qu'il est essentiel de respecter les croyances religieuses chinoises s'il souhaite maintenir des liens d'affaires durables**.

LES COUTUMES LOCALES, CERTAINES CROYANCES ET CERTAINS TRAITS PARTICULIERS DES CHINOIS

Le dicton qui dit qu'«à Rome, on fait comme les Romains» s'applique en Asie comme partout ailleurs. Il est donc important pour l'homme d'affaires étranger de se conformer à certaines coutumes locales, que ce soit dans un restaurant, à l'intérieur d'une entreprise ou dans les endroits publics. Voici quelques aspects des coutumes chinoises que nous avons considérés comme importants pendant notre séjour en Asie.

COMMENT SE VÊTIR?

Règle générale, les gens d'affaires asiatiques portent des vêtements habillés tant au bureau que pour les sorties. Ces vêtements sont, la plupart du temps, plutôt sombres. **Il faut éviter de porter des vêtements originaux ou trop voyants. Les femmes d'affaires occidentales doivent éviter de porter le pantalon**.

Dans les pays au climat tropical comme Singapour et la Thaïlande, la chemise et la cravate sont de mise le jour pour les rencontres d'affaires, et le veston est de rigueur pour le dîner.

LA CARTE PROFESSIONNELLE

L'homme d'affaires étranger qui doit séjourner en Asie doit **prévoir un approvisionnement important de cartes professionnelles et, si possible, traduire ses coordonnées en chinois au verso**. En effet, une carte professionnelle est échangée avec chaque interlocuteur au début d'une rencontre de groupe.

L'échange de la carte se fait debout, et il est important d'en prendre possession avec ses deux mains avant de l'examiner attentivement pour ensuite la ranger. Ce geste indique du respect à l'égard de la personne l'ayant remise. Pour les Chinois, la carte professionnelle est le reflet de leur identité, et ne pas en avoir équivaut à une perte d'identité. D'ailleurs, certains Chinois peuvent se sentir honteux de ne pas pouvoir en présenter.

Il est bon aussi de se rappeler que, sur une carte de visite chinoise, le nom de famille vient en premier, suivi du prénom. Le titre d'une personne est important pour les Chinois; il est donc souhaitable de s'adresser à quelqu'un par son titre, par exemple «docteur Wang» ou «monsieur le directeur Li». Enfin, rappelons-nous que les Asiatiques n'apprécient pas le contact physique et qu'**il faut éviter, par exemple, la tape sur l'épaule**.

LA TÊTE ET LES PIEDS

Pour les Chinois, la tête est la partie la plus respectueuse du corps, alors que c'est l'inverse pour les pieds (nous comprenons bien l'importance de la tête lorsque nous connaissons l'importance que revêt le concept de «face» que nous avons vu plus tôt). Ainsi, l'interlocuteur étranger doit **éviter de s'asseoir les jambes croisées au risque qu'un de ses pieds pointe son vis-à-vis asiatique**. Ce geste risquerait d'être considéré comme un manque de respect.

LES CADEAUX

Donner des cadeaux est une pratique répandue dans bien des pays d'Asie; ils sont déballés en l'absence de celui qui les a offerts. En revanche, il faut éviter de faire don d'un cadeau qui soit si couteux que le vis-à-vis chinois ne puisse pas faire acte de réciprocité. Nous risquons alors d'essuyer un refus, nous plaçant ainsi dans une situation embarrassante.

AU RESTAURANT PLUTÔT QU'À LA MAISON

La plupart du temps, les appartements sont étroits dans les pays asiatiques. C'est l'une des raisons pour lesquelles les gens d'affaires locaux ne reçoivent pas chez eux mais au restaurant. **N'oublions pas que celui qui invite paie**

l'addition. Il est également bon de noter qu'on fume beaucoup en Asie et que les non-fumeurs doivent faire preuve de tolérance. Il ne faut pas non plus se sentir mal à l'aise de constater que les Asiatiques font du bruit en mangeant, qu'ils parlent souvent la bouche pleine et que le fait d'éructer n'est pas aussi choquant qu'en Amérique.

Suivant la tradition chinoise, être seul n'est pas une chose désirable, et les hôtes chinois expriment une certaine compassion pour ceux qui le sont. C'est pourquoi à Taiwan, par exemple, on vous invitera plutôt dans une boîte de nuit, où une cohorte «d'hôtesses» vous accueillera. Elles font la conversation et dansent avec ceux qui le désirent.

MANGER EST UNE PASSION

Les Chinois adorent manger et, à la table, les plats se succèdent interminablement. Il y a d'ailleurs en Chine, et dans bien d'autres pays asiatiques, une très grande abondance et variété de légumes, de viandes, de poissons, etc. Les repas sont également ponctués de nombreuses occasions de trinquer et d'avaler d'un trait son verre de bière ou d'alcool de riz.

LA SIGNIFICATION DU SOURIRE

Les Chinois ont le rire facile. Bien souvent, c'est pour camoufler leur embarras et parce qu'ils ne savent pas faire autrement. Vous pouvez, par exemple, voir un Chinois rire alors qu'il vous arrive quelque chose de déplaisant. Dans ce cas, il faut en prendre son parti et garder son calme.

Le sourire est également une façon de s'excuser si on vous a, par exemple, accroché au passage ou marché sur les pieds. Encore une fois, **il faut garder son calme et répondre par un sourire**.

UN MIROIR POUR CHASSER LES MAUVAIS ESPRITS

Dans les campagnes chinoises, il est fréquent de voir un miroir accroché à la porte d'entrée principale. Cette coutume n'a pas pour but de permettre aux visiteurs de se passer un coup de peigne avant d'entrer. Suivant une croyance chinoise, **la présence du miroir permettrait de renvoyer les mauvais esprits de la résidence, par le jeu de la réfraction.**

IL N'Y A PAS DE MAUVAIS DRAGONS

Contrairement à ce que nous pouvons croire en Amérique, un dragon n'est pas une bête maléfique. Au contraire, il peut nous protéger. C'est ce qui explique pourquoi nous retrouvons souvent dans les résidences chinoises des bibelots représentant un dragon. **Leur rôle est de protéger les occupants en chassant les mauvais esprits.**

DES MANIÈRES D'AGIR À LA CHINOISE

Les Chinois sont d'un naturel indiscipliné et, dès que le patron a le dos tourné, ils font le travail à leur manière. Ils adorent rire et exploitent le moindre travers des gens. C'est le cas notamment pour les étrangers qui tentent de se débrouiller tant bien que mal avec leurs baguettes dans les restaurants (en mangeant des langoustines, par exemple).

Les Chinois sont curieux, et rien n'échappe à leur attention. Ils ont aussi un tempérament prompt et bon nombre d'accrochages peuvent tourner à l'engueulade. De plus, ils adorent la sieste et peuvent dormir n'importe où, dans n'importe quelle position, surtout dans les trains.

De l'avis d'une sociologue chinoise interrogée sur les traits particuliers des Chinois, il semblerait que ces derniers cherchent souvent à être astucieux dans leurs relations avec les autres. Pour eux, être astucieux, c'est savoir faire preuve d'adresse, mais c'est parfois faire preuve de ruse, le procédé utilisé pouvant même être déloyal. Ainsi, le talent astucieux du Chinois peut paraître comme un aspect positif ou négatif pour un interlocuteur étranger. **Il est possible que ce dernier doive faire preuve d'autant d'astuce que son vis-à-vis chinois dans une négociation.**

FAIRE DES AFFAIRES EN ASIE EN RESPECTANT LES COUTUMES LOCALES

Nous avons indiqué plus tôt que la culture influence les manières de penser et les comportements autant dans la vie privée qu'en milieu organisationnel. C'est pourquoi la culture a un impact sur les modes de gestion (plus particulièrement la gestion du personnel et la structure d'organisation) et que, par exemple, la manière de diriger des travailleurs d'ascendance chinoise ne peut pas être la même que celle utilisée pour diriger des travailleurs québécois.

LA GESTION DU PERSONNEL

Il va de soi que, là où la culture a le plus d'impact dans la gestion des affaires en pays étranger, c'est sur la gestion du personnel. Nous savons que le groupe est important pour les Chinois. Ceci implique que les mutations horizontales d'employés dans les entreprises doivent être faites avec beaucoup de doigté. **Une mutation pourrait occasionner un malaise important devant la perspective d'une rupture avec le groupe d'appartenance.** Les Chinois ont d'abord une obligation envers la famille et les amis, ce qui joue sur leur loyauté envers leur employeur. Si celui-ci sait bien les traiter, ils développeront envers lui une loyauté à toute épreuve.

À son tour, le concept de «face» influence le système de promotion. **Une promotion permet de gagner la face et une rétrogradation la fait perdre**. Il faut donc y songer deux fois avant d'accorder une promotion ou de rétrograder quelqu'un.

Enfin, il faut tenir compte de l'importance qu'accordent les Chinois à la chance dans leur vie quotidienne, afin de choisir des outils de motivation appropriés. Rappelons-nous que le mot religieux le plus important chez les Chinois est *joss,* qui signifie «chance». Dans un tel contexte, la planification des activités ainsi que l'effort et la persistance au travail prennent une toute autre signification.

LES STRUCTURES D'ORGANISATION

En plus de son impact sur la gestion des ressources humaines, la culture d'une société agit sur la structure qu'une organisation doit adopter, plus particulièrement sur son niveau de centralisation et de décentralisation. Une entreprise est centralisée lorsque les décisions les plus importantes sont prises par la haute direction. Elle est décentralisée lorsque les décisions sont diffuses et que la direction encourage la délégation et la participation à la prise de décision.

Rappelons-nous que le confucianisme prône l'importance de la tradition, de la piété filiale et du respect de l'autorité. C'est pourquoi **les employés chinois se sentent plus à l'aise dans des structures davantage centralisées**. Ils respectent ceux qui savent prendre des décisions. Dans le cas contraire, ce serait, pour eux, un signe évident de faiblesse.

Le confucianisme prône aussi la stabilité et encourage en quelque sorte la résistance au changement. C'est pourquoi il est préférable, en milieu organisationnel chinois, de préserver, dans la mesure du possible, les structures établies et d'instaurer les changements à petites doses.

Enfin, il est bon de garder en tête que le confucianisme valorise la compétence. C'est pourquoi, encore de nos jours, **la compétence technique est un critère essentiel pour faire des affaires avec les Chinois.**

RESPECTER LES COUTUMES LOCALES

LA GESTION DU PERSONNEL

- Une promotion permet de gagner la face

- La loyauté d'abord envers la famille et les amis

- L'importance accordée à la chance plus qu'à l'initiative personnelle

LES STRUCTURES D'ORGANISATION

- Des structures plus centralisées

- Le respect des paliers hiérarchiques

- L'instauration graduelle des changements

L'homme d'affaires étranger se doit d'être sensible à certaines coutumes locales, à certaines croyances et à certains traits particuliers qui caractérisent bien des Chinois. C'est le cas notamment de la manière de se vêtir, de l'importance de la carte professionnelle et du rôle des cadeaux.

CONCLUSION

Fiers mais soumis, les Chinois sont introvertis, pleins de retenue et restent calmes à l'intérieur. La soumission qu'on leur a toujours imposée explique cette introversion et cette retenue. L'obéissance, l'ordre et la discipline sont facilement observables dans la vie quotidienne des Chinois. Ils laissent rarement libre cours à leur épanouissement personnel d'une façon visible, de peur d'être blessés.

Comme dans toutes les civilisations, la culture et l'histoire ont façonné inéluctablement le peuple chinois. Ainsi, par exemple, les sentiments des Chinois et de certains autres peuples asiatiques envers les Japonais ont été marqués par l'histoire récente. En effet, on éprouve souvent à l'endroit des Japonais un sentiment mitigé de haine et de respect. On apprécie leur technologie et leurs capitaux, mais on se rappelle aussi les combats sanglants avec les Japonais. De fait, il semblerait que Tokyo soit encore tenue responsable des ravages de la Deuxième Guerre mondiale. Les brutalités japonaises sont ainsi rapportées dans tous les textes d'histoire des écoliers, et le Japon doit encore aujourd'hui effacer le plus possible les traces de son passé militaire.

La culture chinoise peut influencer grandement la manière de traiter des affaires. Le culte de la famille des Chinois ainsi que leur sens de la hiérarchie sont des aspects marquants, sans compter les concepts de «face» et de «*guanxi*». Les religions qu'ils pratiquent et qui sont propres à l'Asie, telles que le taoïsme et le bouddhisme, régissent également leurs valeurs en ce qui concerne les affaires. Elles leur ont permis de valoriser la compétence, de préserver le respect des personnes âgées et d'éviter le plus possible les conflits.

L'esprit de frugalité transmis par Confucius et la pauvreté relative qui a toujours fait le lot de bien des Chinois les ont amenés à considérer que tout était «fruit défendu». En silence, ils espèrent peut-être un jour vivre le «rêve américain». Peut-être sont-ils également coincés entre Confucius et ce rêve américain impossible pour eux, mais possible pour leurs enfants? En effet, les jeunes d'aujourd'hui ne sont plus aussi soumis que leurs parents.

Tout en maintenant son identité, une entreprise québécoise qui fait des affaires dans certains pays asiatiques doit, malgré tout, s'ajuster aux coutumes locales, sans quoi elle risque de ne pas être acceptée à part entière.

NOTES

1. KEENAN, James, *Taiwan : le guide des gens d'affaires*, Fondation Asie Pacifique du Canada, Montréal, 1991, p. 52.

2. OSLAND, Gregory E., Doing Business in China: a Framework for Crosscultural Understanding, *Marketing Intelligence and Planning*, vol. 8, 1990, p. 2.

3. *Idem, ibidem*, p. 4.

CHAPITRE 2

LA CHINE : UN IMMENSE RÉSERVOIR HUMAIN

Le visiteur étranger qui débarque en Chine est immédiatement impressionné par l'extrême densité de la population de ce pays. Le nombre de piétons et de bicyclettes qu'on y rencontre tous les jours dépasse l'imagination d'un Occidental. La population actuelle de la Chine se situe aux environs de 1,2 milliard d'habitants; c'est de fait le pays le plus peuplé de la planète. Heureusement que la bicyclette est encore largement répandue en Chine. Imaginons la pollution qui serait engendrée si la bicyclette était soudainement remplacée par des automobiles ou des cyclomoteurs.

La Chine, c'est une longue histoire, beaucoup d'habitants et de grands espaces. La Chine est un sujet tellement vaste qu'il aurait fallu consacrer un ouvrage uniquement pour ce pays. Le chapitre que nous présenterons sur la République populaire de Chine (RPC) ne permettra que d'effleurer toutes les particularités culturelles, sociales, politiques et économiques de ce pays.

En ce qui concerne l'environnement d'affaires, la RPC est un immense marché potentiel pour les entreprises occidentales. De nos jours, l'agriculture représente 30 % du produit national brut et 75 % de tous les emplois. L'austérité, encore profondément ancrée dans les mœurs chinoises, demeure toujours un facteur important du ralentissement de la demande intérieure.

Voici quelques notions sur l'histoire de la Chine, sa géographie, son système politique, les formalités de séjour au pays et les façons d'y faire des affaires.

QUELQUES PAGES D'HISTOIRE DE LA CHINE

La Chine exerce une fascination chez bien des Nord-Américains principalement à cause de la grandeur de sa civilisation millénaire, de sa langue, de son exotisme et de sa culture.

On dit généralement de la population chinoise qu'elle appartient à la race jaune ou mongolienne. La langue nationale est le mandarin. Le groupe ethnique le plus important est celui des Hans. Il existe plus de 50 autres ethnies minoritaires, par exemple les Mandchous, les Mongols, les Tibétains, les Yi et les Zhuang, qui conservent jusqu'à un certain point leurs langues et leurs coutumes.

L'histoire de la Chine s'étend sur plus de 5000 ans. En fait, les débuts de la culture chinoise peuvent être retracés dès le commencement de l'agriculture. Les vestiges archéologiques indiquent que la dynastie des Shang, qui régna du XVIIIe au XIe siècle av. J.-C., avait atteint un niveau d'évolution lui permettant d'ériger des sociétés urbaines sur les sites d'anciens villages.

LA LONGUE ÉPOQUE DES DYNASTIES

Depuis la nuit des temps, la Chine a été un territoire où se sont succédé plusieurs empires, et ce, jusqu'en 1911, avec l'arrivée de Sun Yat-sen.

Le peuple chinois a pratiquement toujours vécu sous des gouvernements autoritaires, à partir de l'une des premières dynasties, celle des Hsia (du XXIᵉ au XVIIIᵉ siècle av. J.-C.) jusqu'à la dernière, celle des Ch'ing (de 1644 à 1911). En 1912, Sun Yat-sen, qui avait dirigé l'Alliance pour la révolution de la Chine, est proclamé président de la République de Chine après avoir contribué à renverser la dynastie des Ch'ing. Il mettait ainsi un terme au règne des dynasties.

La dynastie des Chou, qui a régné de 1111 jusqu'à 771 av. J.-C., marque une époque intéressante de l'histoire chinoise. C'est à ce moment-là que prit naissance la théorie du «mandat ou commandement du ciel». L'empereur devenait alors le «fils du ciel». Le ciel confiait au dirigeant vertueux le droit de gouverner et le lui enlevait s'il se conduisait mal. Le ciel devait s'exprimer à travers le peuple qui supportait le bon *leader,* mais qui se rebellait dans le cas contraire.

L'arrivée de Confucius, l'un des philosophes les plus influents de l'histoire chinoise, a marqué à tout jamais la culture de ce pays. Confucius a vécu 500 ans av. J.-C. et a élaboré bon nombre de principes de vie qui guident encore aujourd'hui la vie quotidienne des Chinois (nous avons traité de Confucius plus en détail dans le premier chapitre de cet ouvrage). **Le confucianisme est devenu un guide à la base de l'éducation des employés d'État pendant les 2000 ans qui ont suivi sa disparition.**

L'invasion par les Japonais de la Mandchourie en septembre 1931, puis l'entrée en guerre des États-Unis, dix ans plus tard, contre le Japon ont changé le cours des choses. Les Américains voulaient utiliser la Chine comme base pour attaquer le Japon. Après la défaite du Japon en août 1945, les troupes soviétiques se sont déplacées vers la

Mandchourie à la suite d'une entente avec les forces alliées.

L'ÈRE DU COMMUNISME

C'est en 1920 que furent jetées les bases de la formation du Parti communiste en Chine avec l'arrivée de quelques Russes ayant pris part à la Révolution bolchevique. **En 1921, le parti est officiellement créé à Shanghai.** En 1927, Mao Zedong forme les premières unités d'une armée de paysans-travailleurs.

Le 16 octobre 1936, l'Armée rouge entreprend la «Longue Marche» sur une distance de 5000 km afin d'affronter les troupes japonaises du Kuomintang. Cette longue marche dura toute une année. À leur passage, les troupes recrutaient de nouveaux partisans et en profitaient pour confisquer les biens des propriétaires terriens et des riches pour les redistribuer aux pauvres paysans.

À la suite de nombreuses batailles entre l'Armée du Kuomintang et l'Armée rouge, Chiang Kai-chek s'enfuit à Taiwan, où il allait fonder un nouvel État, apportant avec lui toutes les réserves d'or du pays, ce qu'il restait de la flotte navale et aérienne ainsi que deux millions de réfugiés et de soldats.

Dans un contexte de chômage massif et de pauvreté inouïe, il semble qu'il ait été inévitable que le Parti communiste prenne le pouvoir en Chine. La famine, les guerres, les invasions étrangères et un système de taxation injuste étaient à cette époque monnaie courante. La République du Peuple commençait son histoire à titre de nation déjà en faillite. L'économie, le réseau routier et le réseau ferroviaire étaient en piteux état. La tâche était grande pour Mao Zedong, qui réussit malgré tout à relever le défi au cours des quelques décennies qui suivirent.

Un moment important de l'histoire de la République populaire de Chine est celui de la Révolution culturelle. **C'est en août 1966 que le Comité du Parti central adopte le programme de la Révolution culturelle.** Avec la hausse de l'élite bureaucratique, Mao, qui considérait toujours que «le pouvoir est au bout du fusil», craignait que le pays ne s'écarte de l'esprit de la révolution. Il croyait alors qu'il fallait transformer toute l'éducation et les expressions artistiques qui ne correspondaient pas à une idéologie socialiste orthodoxe.

Plusieurs observateurs de la scène politique chinoise estiment que **la Révolution culturelle a conduit à une période de stérilité culturelle qui n'a d'égale que celles des Nazis et des Khmers rouges.** En effet, tous les livres ayant été publiés avant cette période ont été bannis. La Garde rouge attaquait les artistes, les écrivains et les intellectuels pour les envoyer dans des camps de travail. Les temples, les monuments et les monastères ont été saccagés afin de faire disparaître toute trace de ce qui pouvait rappeler l'époque ayant précédé la Révolution culturelle. Pendant cette même période, la RPC a connu un recul considérable sur le plan économique, alors que bien d'autres pays d'Asie connaissaient des progrès notables en ce domaine.

Récemment, un autre événement a marqué l'histoire contemporaine de la Chine : les incidents de la place Tian An Men du 5 avril 1976. Plusieurs milliers de personnes étaient venues rendre hommage à Chou En-lai (décédé en janvier 1976) en apportant des couronnes et des fleurs au Monument des Héros de la place Tian An Men. Chou représentait pour plusieurs Chinois l'inverse du fanatisme de la Révolution culturelle, et l'un des derniers vestiges de la bonté et de la justice dans le gouvernement chinois.

Ce geste a été interprété par plusieurs comme un acte de défiance envers les autorités et, indirectement, comme une attaque dirigée contre Mao lui-même, son propre peuple s'étant retourné contre lui après qu'il l'eut dirigé dans la lutte contre le Kuomintang, les Japonais et les Américains en Corée.

Tôt le 5 avril, les couronnes et les fleurs ont été abîmées, et les citoyens qui empêchaient leur déplacement par les autorités étaient arrêtés. La même journée, des dizaines de milliers de personnes sont venues protester et exiger le retour des couronnes et des fleurs ainsi que la libération des personnes arrêtées. Ces protestataires ont immédiatement été repoussés par des milliers de gardes. L'incident a, par la suite, été déclaré contre-révolutionnaire. Peu de temps après, les apparitions de Mao sont devenues de plus en plus rares. Il est décédé le 9 septembre suivant.

VERS UNE ÉCONOMIE PLUS LIBRE

D'autres événements importants se produisirent à la place Tian An Men treize ans plus tard, soit en 1989. **Le soulèvement des étudiants, qu'on appelle aujourd'hui le massacre de la place Tian An Men, a fait des milliers de victimes.** Les leaders étudiants qui n'ont pas été tués lors du massacre ont pour la plupart fui la Chine par la suite. Le soulèvement de la place Tian An Men était une réponse du peuple à la corruption des dirigeants chinois et aux nombreuses entorses aux droits de la personne.

L'écrasement de cette démonstration, dont Li Peng était le cerveau, a conduit à des sanctions économiques de la part des États-Unis et à une diminution momentanée de l'ouverture de la RPC face à l'Occident. Malgré la levée de la loi martiale en 1990, il n'y a pas eu véritablement de retour au climat de détente relatif qui régnait avant juin 1989. Malgré cela, les dirigeants chinois ont affirmé que les réformes économiques se poursuivraient tout en maintenant l'orientation socialiste de la RPC.

Même si le massacre de la place Tien An Men a secoué bien des investisseurs étrangers, **il n'en demeure pas moins que, depuis l'instauration de la politique porte ouverte de la Chine, la confiance des entreprises étrangères n'a fait que s'accroître.** Cette situation résulte particulièrement des efforts constants des dirigeants de la RPC pour améliorer le climat des investissements en offrant aux gens d'affaires étrangers de multiples incitatifs et en facilitant les procédures d'investissement.

Pour plusieurs experts des affaires asiatiques, il semble que l'ouverture au monde de la Chine est un phénomène irréversible et que la prospérité des régions côtières s'améliorera d'année en année. Plusieurs prétendent également que le communisme dans la vie quotidienne est de plus en plus inconséquent et que le gouffre ne cesse de s'agrandir entre la rhétorique et la réalité.

DATES IMPORTANTES DE L'HISTOIRE DE LA CHINE

1921 Création du Parti communiste

1927 Mao Zedong forme une armée

1936 La Longue Marche : affrontement avec les troupes du Kuomintang

1966 La Révolution culturelle apporte la stérilité culturelle et économique

1976 Les incidents de la place Tien An Men

1989 Le massacre de la place Tien An Men

QUELQUES NOTIONS DE GÉOGRAPHIE

La Chine, dont la capitale se nomme Beijing en mandarin et Pékin en cantonais, est le plus grand pays du monde après le Canada. Dans les paragraphes qui suivent nous aborderons quelques caractéristiques géographiques de ce pays, plus particulièrement de son milieu naturel et de son milieu humain.

LE MILIEU NATUREL

La Chine occupe une superficie de 9,6 millions de km². La topographie de la Chine est variable. Elle passe de plaines cultivables à des sommets montagneux de plus de 7000 mètres. Les deux tiers de la Chine se constituent de territoires montagneux ou désertiques; seulement 15 à 20 % du sol est arable. Le reste s'avère peu cultivable. Le sol est sensible aux inondations et à la mousson d'été. Seulement 12 % de la superficie totale de la Chine est boisée, et ce qui en reste est surexploité.

La RPC est bordée au nord par des déserts et la Mongolie. Au nord-est et au nord-ouest, elle partage ses frontières avec l'ex-Union soviétique et, du côté ouest où se situe le plateau tibétain, elle fait de même avec l'Afghanistan, le Pakistan, l'Inde, le Népal, le Sikkim et le Bhoutan. À l'est, la Chine touche la mer Jaune, la mer de Chine orientale et la Corée du Nord, alors qu'au sud la Chine s'étend jusqu'à la mer de Chine méridionale, la Birmanie, le Laos et le Viêtnam (voir carte géographique).

Une grande partie du territoire chinois est entourée d'eau. C'est pourquoi **il existe en Chine de nombreux aménagements portuaires** (qui ne sont pas tous à la fine pointe du progrès). L'un de ces ports importants est situé sur le delta de la rivière des Perles où transitent 80 % des exportations de Guangdong.

Sur un territoire aussi vaste, le climat est susceptible de varier considérablement. Au nord, l'hiver, qui s'étend de janvier à mars, est très rigoureux. À Pékin, le mercure ne

Chine

dépasse guère 0 °C en hiver. L'été, les températures peuvent facilement grimper à près de 40 °C à Pékin. Dans le sud, autour de la région de Guangdong, c'est la saison des pluies et des typhons d'avril à septembre; le mercure se maintient autour de 37 °C. L'hiver est beaucoup plus clément au Guangdong qu'à Pékin.

LE MILIEU HUMAIN

La population en RPC est actuellement évaluée à environ 1,2 milliard d'habitants, dont 93 % sont des Chinois d'origine Han. Le reste est composé de plus de 50 autres ethnies. Quelque 80 % de la population vit en région rurale ou agricole, et 40 % de celle-ci a moins de 15 ans.

Sur les 60 % de la population ayant fréquenté les institutions scolaires, la moitié n'a connu que l'école primaire. Seulement 5 % des Chinois détiennent un diplôme universitaire. Dans ces conditions, il n'est pas surprenant qu'il y ait une **lacune quant à la formation technique et scientifique de la main-d'œuvre chinoise.**

LA POLITIQUE EN CHINE

La Chine est un État unitaire centralisé. Aux fins de l'administration gouvernementale, elle est divisée en 21 provinces, 5 régions minoritaires autonomes et 3 villes administrées directement. Les gouvernements provinciaux sont des ministères sous la tutelle du gouvernement central.

LE SYSTÈME POLITIQUE

Pour comprendre la politique en Chine, il faut se rappeler qu'en Orient, contrairement à ce qui se passe en Occident, les individus ne séparent pas les droits individuels des droits de la collectivité. C'est une des raisons pour lesquelles le pouvoir, parfois autoritaire, peut plus facilement être accepté. Il faut également comprendre que les valeurs socialistes reposent sur la justice, la stabilité, la frugalité (sobriété) et la confiance en soi. Ainsi, les valeurs d'efficacité de l'Ouest ne peuvent pas être subordonnées aux valeurs socialistes.

La culture et la politique font bon ménage en Chine, alors que, dans bien des pays d'Occident, on distingue la culture de la politique. Dans ce pays, la culture s'imbrique dans la politique de manière à confirmer la prédominance du Parti communiste chinois. On enseigne aux jeunes qu'ils ne devraient pas avoir d'ambitions personnelles, seulement un désir profond de «servir le peuple» et de faire ce que le Parti exige.

La Chine est dirigée par un président, un Congrès national populaire et un Conseil d'État. Le système politique est très hiérarchisé et centralisé. La plus haute autorité est détenue par le Comité permanent (*Standing Committee*) du Politburo. Il est composé de 25 membres. Sous le Politburo, nous retrouvons le Comité central composé de 210 membres. La base du Parti se constitue d'un système parallèle, où l'autorité est exercée par un représentant du Parti à chaque niveau des organisations (universités, entreprises, etc.).

La gestion des affaires courantes se fait par l'intermédiaire du Conseil d'État, lui-même directement contrôlé par le Parti communiste. Le Conseil d'État est dirigé par 1 premier ministre, 4 vice-premiers ministres, 10 conseillers d'État, un secrétaire général et 45 ministres et autres agences. Parmi les principaux ministères, nous retrouvons la Sécurité publique, la Défense, l'Éducation, la Culture, le Tourisme, les Chemins de fer, les Forêts, la Banque de Chine, la Planification familiale, la Radio et la Télévision. **Le Parti communiste chinois (PCC) a un statut suprême. Il est au-dessus de la loi et de la supervision publique.** Officiellement, le rôle de l'État et du PCC sont différents. En pratique, **les entreprises et les travailleurs existent**

par et pour le Parti. Ses membres sont placés dans des organes qui supervisent et contrôlent toutes les autres institutions de la société.

Les entreprises gérées par l'État sont en effet des entreprises gérées par le Parti. L'État est un instrument du Parti, et c'est à partir des agences gouvernementales que sont implantés les politiques et les programmes approuvés par le Parti. Les entreprises retournent à l'État les profits et les fonds générés par l'amortissement accumulé.

Le Comité du Parti doit mettre au point les politiques générales des entreprises. En pratique, il joue un rôle important dans les décisions de tous les jours. D'ailleurs, bien des directeurs d'usines sont également des leaders du Parti pour leur unité.

Dans les plus bas niveaux de la hiérarchie, nous retrouvons les unités de travail, *«danwei»*, comme base de l'organisation sociale. Chaque Chinois, qu'il soit professeur, ingénieur ou travailleur dans une usine, est membre d'une unité de travail. Cette unité émet les coupons de rationnement pour la farine, le coton et le charbon. L'unité de travail décide quand un couple doit se marier et avoir des enfants, quelle famille aura son téléviseur ou une bicyclette cette année. L'unité conserve également un dossier sur chacun de ses membres.

Plusieurs commentateurs de la scène économique chinoise croient que le succès de l'État chinois et des unités de travail à procurer les produits de première nécessité à la population a entraîné une mentalité de dépendance. Les Chinois s'attendent à ce que les leaders locaux s'occupent d'eux.

En plus de toutes ces personnes mêlées à la prise de décisions dans le pays, nous retrouvons l'armée, composée de plus de 4 millions de militaires. Ainsi, durant la Révolution culturelle, l'armée a pris le contrôle de toutes les institutions chinoises. Mao souhaitait que le peuple et l'armée soient bien intégrés. L'armée devait s'intégrer au Parti et à l'État, mais restait subordonnée au Parti. Cependant, il y a eu un glissement, et l'armée est devenue un groupe élitiste.

Enfin, il existe le **Bureau de sécurité publique (BSP) (ministère de la Sécurité d'État) qui est responsable de maintenir la loi et l'ordre, y compris de surveiller les déplacements des citoyens et des étrangers.** Le personnel local de sécurité est membre du Parti. Ainsi, le BSP reflète les points de vue du Parti.

Nous retrouvons, en RPC, deux principales tendances politiques : les conservateurs et les novateurs. Les conservateurs sont orthodoxes et souhaitent le contrôle de l'État sur toutes les grandes entreprises industrielles. Les novateurs veulent que les réformes modernisent la Chine. Un meilleur niveau de vie empêchera la majorité de la population de contester le pouvoir du Parti.

En 1978, Deng Xiaoping a engagé des réformes économiques qui ont porté fruit et qui ont conduit à une amélioration sensible du niveau de vie de la population. Auparavant, les Chinois qui possédaient une montre ou une bicyclette pouvaient s'estimer heureux. Aujourd'hui, les machines à laver, les radios et les téléviseurs sont davantage monnaie courante.

Un porte-parole du gouvernement chinois, Yuan Mu, affirmait : «Peu importe ce qui pourrait se passer dans l'ex-Union soviétique ou ailleurs dans le monde, le peuple chinois continuera d'emprunter la voie qu'il a choisie avec fermeté et sans se laisser distraire.»

Les commentateurs politiques prétendent qu'en raison de la relative prospérité économique, de l'absence de mouvements d'opposition organisés et du souvenir de la brutale répression du printemps de 1989, le pouvoir chinois n'est pas menacé dans l'immédiat par la contestation anti-communiste.

Comme il vaut mieux prévenir que guérir, la Chine a choisi de donner plus de liberté au peuple et d'ouvrir son économie. À cet effet, le secrétaire général du Parti communiste chinois déclarait à la nation, le 14 juin 1992, que la direction communiste était fermement décidée à **démanteler l'économie centralisée chinoise et à favoriser l'introduction des méthodes capitalistes**[1].

Quoi qu'il en soit, l'ouverture de l'économie chinoise n'a pas été accompagnée d'une libéralisation du pouvoir politique. Le pouvoir politique centralisé coexiste avec le pouvoir économique, qui tend de plus en plus à se décentraliser.

QUELQUES ASPECTS IMPORTANTS DU SYSTÈME POLITIQUE CHINOIS

- Le système politique est hiérarchisé et centralisé

- La plus haute autorité : le Comité permanent du Politburo

- Le Parti communiste est au-dessus de la loi

- L'État est un instrument du Parti

- Les profits des entreprises sont retournés à l'État

- Une mentalité de dépendance

- L'armée est composée de 4 millions de militaires et est subordonnée à l'État

- En 1992, l'économie de la Chine passe à une économie socialiste de marché

Mais avec tout ce qui se passe dans le monde de nos jours, notamment chez les Soviétiques, la Chine n'a pas le choix et doit assouplir ses positions. Ainsi, selon Danny Paau, professeur à l'université de Hong Kong, «les Chinois ont peur actuellement, car le monde entier change autour d'eux; ces changements rapides signifient qu'ils ne peuvent passer outre au besoin de réformes, et ils cherchent une voie dans laquelle le Parti ne perdra pas le pouvoir.»

Cette voie doit nécessairement passer par le compromis, et les leaders chinois l'ont compris. C'est pourquoi, le 18 octobre 1992, au terme du 14e congrès du Parti communiste chinois, les dirigeants parlaient de l'économie de la Chine comme étant maintenant **une économie socialiste de marché.** C'est là un compromis jamais vu en Chine communiste.

LES RELATIONS INTERNATIONALES

Dans ses relations internationales, la Chine doit tenir compte de la présence de certains de ses voisins immédiats, dont l'ex-URSS, Hong Kong et Taiwan. La RPC doit, par exemple, rechercher la collaboration de l'Occident afin de contrebalancer la présence soviétique à ses frontières. Face aux derniers changements survenus en Europe de l'Est et en ex-URSS, la RPC devra réviser ses politiques avec ces pays.

Il est à prévoir que **le retour de Hong Kong à la RPC en 1997 risque de modifier l'échiquier économique régional de même que les relations de la Chine avec le monde occidental.** En effet, l'ancienne colonie, qui a toujours servi officieusement de tremplin pour les échanges économiques de la Chine avec le monde occidental, verra sans doute son rôle s'accroître et même se formaliser.

Les relations de la RPC avec Taiwan ont été très limitées par le passé. En effet, **la Chine considère toujours**

Taiwan comme l'une de ses provinces récalcitrantes, alors que Taiwan prétend avoir le droit légitime de gouverner sur toute la Chine. Cependant, les intentions du gouvernement actuel de Taiwan laissent présager de meilleures relations entre les deux pays, autant sur le plan politique qu'économique.

La répression sanglante de la place Tian An Men de 1989 a secoué et refroidi plusieurs pays occidentaux qui entretenaient depuis longtemps de bonnes relations avec la RPC. La Chine devra composer avec ce problème pour ne pas être isolée du reste du monde. D'ailleurs, l'isolement de la Chine ne sert ni ses propres intérêts ni ceux des pays occidentaux. La Chine a besoin d'eux pour son développement, alors que les pays occidentaux ont besoin de la Chine à cause du rôle qu'elle joue en tant que puissance régionale.

En somme, dans ses relations internationales, la Chine est aux prises avec un dilemme. La RPC a besoin de capitaux et de technologie en provenance de pays étrangers, mais elle désire en même temps préserver les caractéristiques vitales de son propre régime politique.

LES FORMALITÉS ET AUTRES CONSIDÉRATIONS PRATIQUES

Les formalités de séjour en Chine sont plus compliquées que dans d'autres pays asiatiques. Voici certains aspects concernant le visa requis, la monnaie et les banques, le coût de la vie, le transport urbain, la langue et certaines coutumes locales, les fuseaux horaires, la santé et la criminalité.

LE VISA ET LE FUSEAU HORAIRE

Un visa pour la Chine peut facilement être obtenu à l'ambassade de Chine à Ottawa pour une simple visite touristique. Plusieurs agents sont également autorisés à les émettre à Hong Kong, souvent en moins de 24 heures. **Pour les gens d'affaires, une invitation de la part d'une entreprise ou d'un organisme chinois est nécessaire et doit accompagner la demande de visa.** Il faut se rappeler, en outre, que certains vaccins peuvent être nécessaires avant le départ du Canada.

Lorsqu'il est 23 h à Montréal, il est midi à Pékin le lendemain. Il y a 13 heures de décalage.

LA MONNAIE ET LES BANQUES

L'unité de monnaie courante en Chine est le yuan ou le renminbi qu'émet la Banque de Chine. En réalité, il existe deux types de monnaie : la monnaie à l'usage des Chinois (renminbi : RMB) et la monnaie des touristes (Foreign Exchange Certificate : FEC). Le FEC est à l'usage exclusif des touristes qui doivent l'utiliser pour payer leurs frais de transport et d'hôtel, ainsi que dans les magasins réservés aux touristes (*Friendship Stores*). En juin 1994, un dollar canadien valait 5,97 renminbi (un RMB valait 16,74 cents). C'est une devise non convertible.

La plupart des cartes de crédit sont maintenant acceptées en Chine, tant dans les grands hôtels que pour payer le transport aérien. Les chèques de voyage peuvent également être échangés dans les hôtels et certains grands magasins. Il est préférable de les échanger avant de quitter l'hôtel pour aller, par exemple, faire des achats. Sinon, on peut chercher longtemps une banque susceptible de les échanger.

Dans les rues, les commerçants chinois préfèrent parfois être payés en FEC ou même en dollars américains. Cet argent leur servira par la suite à faire des achats dans les *Friendship Stores* ou, parfois, sur le marché noir. Dans certaines régions du sud de la Chine, comme à Shenzhen, par exemple, c'est le dollar de Hong Kong qui prévaut partout, et peu de personnes sont disposées à accepter des FEC ou des RMB.

LE COÛT DE LA VIE

Les hôtels des grandes villes de Chine sont luxueux et même parfois grandioses. Leur service est excellent. Le prix d'une chambre à occupation double varie de 75 dollars canadiens à plus de 200 dollars canadiens par jour. Il faut se rappeler que l'électricité est de 220 volts, 50 cycles et que les appareils électriques nord-américains n'y sont pas compatibles.

Contrairement à ce qui se passe en Occident, **il n'est pas approprié de laisser des pourboires en Chine** dans les restaurants, les hôtels ou aux chauffeurs de taxi. Le pourboire ne fait pas partie de la tradition.

Si les prix des hôtels et des restaurants sont abordables en Chine, ce n'est pas le cas des frais de location d'un appartement destiné à un cadre étranger. **Un appartement modeste peut coûter près de 4000 dollars canadiens par mois.** La location d'une villa de quatre chambres à coucher, comprenant une cuisine et deux salles de bain dans la région de Shanghai peut s'élever à 8300 dollars canadiens par mois[2].

À cet égard, une étude récente effectuée par Benedict Stavis et Ye Gang indiquait que bien des dirigeants d'entreprises étrangères jugeaient que le coût élevé pour faire des affaires en Chine (comme les frais de logement, la location de locaux commerciaux, les salaires et les avantages sociaux des expatriés) constituait le pire des problèmes[3].

LE TRANSPORT URBAIN

Le territoire chinois est immense, et **la qualité du transport urbain dépend des régions**. Le transport urbain est très acceptable à Pékin, qui dispose d'ailleurs d'un métro. Par contre, il semble médiocre dans d'autres grandes villes d'affaires, telles que Shanghai, Guangzhou et Shenzhen, car l'infrastructure ne suffit plus au trop grand nombre d'automobiles et de cyclomoteurs.

LA LANGUE ET CERTAINES COUTUMES LOCALES

La langue officielle en Chine est le «putongh» ou, si l'on veut, le mandarin. C'est la langue qui est enseignée dans les écoles. Il existe plus de 50 dialectes chinois.

Le chinois est une branche de la famille des langues sino-tibétaines. Le langage parlé fait appel au système monosyllabique (une seule syllabe) et phonologique simple (relations de contrastes et d'oppositions). C'est le ton ou le timbre de la voix qui permet souvent de distinguer les différentes significations. La langue chinoise est très différente du japonais, du coréen, du thaï et du vietnamien, même si bien des caractères chinois y sont utilisés dans le langage écrit.

Il est difficile de se faire comprendre en Chine dans une langue autre que le chinois, sauf dans les grands hôtels. **Il faut souvent faire appel à un interprète, car l'anglais n'est parlé que par les personnes ayant des contacts courants avec des gens d'affaires étrangers.**

Par ailleurs, nous avons été surpris de constater que bien des Chinois, voyant que nous étions canadiens, s'empressaient de nous parler avec respect et considération du Dr Norman Bethune. C'était pour eux une façon d'engager une conversation et de rappeler les points que nous avions en commun. Il s'agit là d'une preuve évidente que les Chinois sont sensibles à l'histoire et qu'ils savent montrer de la reconnaissance.

QUELQUES CONSIDÉRATIONS PRATIQUES

- Vous avez besoin d'un visa de séjour

- Un dollar canadien valait 5,97 renminbi en juin 1994

- Vous devez obtenir une invitation de la part d'une entreprise ou d'un organisme gouvernemental

- Les cartes de crédit sont acceptées

- Une chambre d'hôtel vous coûte entre 75 et 200 $ CAN par jour

- Il n'est pas approprié de laisser des pourboires

- Il est souvent nécessaire d'avoir recours à un interprète

- Le taux de criminalité est faible

LA SANTÉ ET LA CRIMINALITÉ

Il existe à Pékin, Shanghai et Guangzhou des cliniques médicales spécialement conçues pour soigner les étrangers. En dehors de ces grands centres, des problèmes de santé pourraient être traités en faisant appel à la médecine traditionnelle chinoise.

Il est souhaitable que vous apportiez vos propres réserves de médicaments. **L'éventail des médicaments occidentaux est limité.** De plus, les étiquettes des médicaments sont entièrement rédigées en chinois dans les pharmacies.

Il est rare de trouver en Asie un taux de criminalité aussi faible que celui de la Chine. Vous aurez un sentiment de sécurité partout, à n'importe quelle heure du jour. Les châtiments sont sévères et expliquent en bonne partie le faible taux de criminalité. Dans une ville voisine de celle où nous séjournions, deux malfaiteurs chinois ont été exécutés d'une balle à la nuque pour avoir dépouillé une touriste européenne.

Enfin, rappelez-vous que la Chine est une grande bureaucratie centralisée. Les inconvénients de cette bureaucratie se font sentir partout dans la vie des Chinois, et le touriste étranger qui veut séjourner dans le pays n'y échappe pas.

FAIRE DES AFFAIRES EN CHINE

La Chine est un pays tellement grand qu'il est pratiquement impossible de ne pas y trouver d'occasions d'affaires. Bien que le faible revenu disponible de chaque habitant soit un obstacle majeur pour les gens d'affaires étrangers (l'économie souterraine camouflant le revenu réel), ce sont surtout la crainte du risque et le manque de motivation qui retiennent les investisseurs. Vous verrez, dans les pages qui suivent, que faire des affaires en Chine est loin d'être un obstacle insurmontable.

Voici quelques renseignements sur les ressources nationales de la Chine et sa situation économique, la stratégie économique du pays, le commerce international et les investissements étrangers, la main-d'œuvre, les réseaux de transport et de communication, le management de tous les jours et la culture. Finalement, nous vous présentons les premières démarches à entreprendre avant d'investir en Chine.

LES RESSOURCES NATIONALES

Gigantesque réservoir humain où l'on peut puiser une main-d'œuvre à bon marché, la Chine offre un ensemble important de ressources naturelles. On y retrouve des minéraux et de l'énergie en abondance. Elle possède également un potentiel énergétique de 380 000 mégawatts, dont 10 %

seulement est déjà exploité. Cependant, la main-d'œuvre, généralement sous-utilisée, bénéficie d'un faible niveau de formation. Le taux d'alphabétisation est de 72,6 %.

La République populaire de Chine est considérée comme un «pays pauvre en voie de développement». Or, étant donné son immense population, la RPC représente malgré tout **l'une des plus grandes économies du monde, se situant au troisième rang.**

LA SITUATION ÉCONOMIQUE

Selon M. Liu Rixin, de la Commission de planification d'État, il existerait 8 millions d'entreprises en Chine dont 100 000 entreprises d'État. De ce nombre, il n'y aurait que 2,5 % de grandes entreprises, dont la production représenterait 45 % de la production totale du pays. La grande majorité des activités économiques de la Chine est située sur la côte est, près des ports de mer, et dans le sud.

Le produit national brut

Le produit national brut (PNB) représente la production totale de biens et services, pour une période donnée, des habitants d'un pays, incluant celle qu'ils ont effectuée à l'extérieur de leur territoire. Le produit intérieur brut (PIB) est le volume des biens et services produits dans les limites du territoire d'un pays. Le PNB de la Chine était de 708 milliards de dollars canadiens en 1993. **Le revenu par habitant s'élevait à environ 595 dollars canadiens**[4]. Le PIB au Québec était pour la même période d'environ 160 milliards de dollars.

Le produit national brut n'est pas chose facile à estimer en Chine. Selon certains économistes, si un autre taux de change ou d'autres moyens de calculer le PNB (en incluant les revenus souterrains, par exemple) étaient utilisés, il pourrait être facilement le double.

Bien des entreprises d'État fonctionnent à perte

Selon M. James McGregor, correspondant du *Wall Street Journal* à Pékin, la Chine se concentre surtout sur la production de base, au détriment de la technologie de pointe. Il estime que les deux tiers des entreprises d'État perdent de l'argent.

Il n'est guère étonnant de constater que bien des entreprises perdent de l'argent. En effet, les sociétés d'État ne sont pas toujours des entreprises telles qu'on les connaît en Occident. **Ce sont souvent des organismes de bien-être social qui fournissent à leurs travailleurs les soins médicaux, l'éducation, le logement et un salaire qui n'a souvent rien à voir avec la performance au travail.** De fait, bien de ces avantages sociaux ne devraient pas être inclus dans le calcul des bénéfices nets des entreprises.

En Chine, l'industrie lourde est en plein marasme, notamment parce qu'on continue à conserver des emplois inutiles, à soutenir des usines non rentables et à maintenir artificiellement le prix des aliments à un bas niveau (subsides cachés). Il faudrait augmenter le prix des aliments, décision qui serait actuellement impopulaire en milieu urbain.

Des solutions au problème

Seulement à Beijing, en 1991, on a ordonné la fermeture de 188 entreprises non rentables et une réduction de la production de 308 produits impopulaires qui s'entassaient. Le problème est similaire dans bien d'autres régions du pays. L'une des solutions au problème, selon Yu Zhen, sous-ministre des Industries légères, consiste à **accroître la qualité des produits en demande et à éliminer les produits impopulaires et les imitations.**

En outre, pour corriger une fois pour toutes les faiblesses de la structure économique, les dirigeants devraient **fermer les usines pratiquant le «sur-emploi» et fonctionnant à perte.** Enfin, il conviendrait de stimuler une main-d'œuvre bien souvent peu motivée au travail et de réduire les importantes pertes de matières premières. Selon Rong Yiren, président de la Fédération de l'industrie et du commerce, l'amélioration des méthodes et des styles (motivation) de travail fournirait aussi une solution au problème.

M. Fan Hengshan, économiste à la State Commission for Restructuring the Economic Systems, abondait dans le même sens et indiquait que, si tant d'entreprises sont en déficit, c'est qu'elles ont des problèmes d'efficacité. Selon lui, il y a **trop d'ingérences de la part de l'État dans le management des entreprises,** et ces dernières ne peuvent pratiquement pas être tenues responsables des résultats de leur exploitation. Par ailleurs, les entreprises sont désavantagées, car elles ne peuvent pas affronter directement le marché, celles-ci devant passer par l'intermédiaire du gouvernement.

Avant 1979, 80 % de la production industrielle de la Chine provenait des entreprises d'État. En 1990, cette proportion était réduite à 54 %. **Un effort important de décentralisation de la part des dirigeants chinois a amené l'État central à se désengager graduellement des investissements commerciaux et à moins se prononcer dans les décisions commerciales courantes,** tout en augmentant ses revenus par l'entremise des gouvernements locaux. Comme les Chinois le disent souvent : «Tout le monde veut s'enrichir – les militaires, les membres du Parti et les entrepreneurs.» Afin d'accéder à une certaine décentralisation et de maintenir un rythme de croissance stable, les dirigeants chinois ont entrepris bon nombre de réformes.

RÉFORMES EN CHINE

1978 - politique de porte ouverte
Afin de moderniser son industrie

1979 - réformes du secteur agricole
Introduction du libre marché des produits agricoles

1984 et 1985 - réformes commerciales
Les entreprises d'État situées dans les villes paient des impôts sur les revenus plutôt que de tout remettre à l'État. Cette politique a eu pour résultat d'accroître la motivation des dirigeants d'entreprises.

1988 - resserrement pour contrer l'inflation
L'inflation annuelle à cette époque gravitait autour de 20 % (18,5 % en 1988). C'était le chaos social et économique. En diminuant le crédit et en resserrant le contrôle des prix, l'inflation, en 1990, a baissé à 2 % et le surplus commercial s'est élevé à plus de 9 milliards de $ US.

L'économie chinoise dépend des apports de capitaux étrangers et de la technologie étrangère, sans lesquels elle risquerait de s'effondrer. Avec une dette étrangère de plus de 77 milliards de dollars américains en 1993 et le besoin d'importer du blé et de l'acier, la Chine ne doit pas fermer ses portes à l'Occident. Par ailleurs, la RPC doit sans faute exporter un certain nombre de ses produits à l'étranger afin d'obtenir des devises étrangères pour le service de sa dette et l'achat de produits de première nécessité.

LA STRATÉGIE ÉCONOMIQUE DU PAYS

Si Taiwan doit à tout prix avoir recours à une politique d'exportation pour alimenter sa croissance économique, ce n'est pas le cas de **la Chine qui, avec une population de près de 1,2 milliard d'habitants, possède un immense**

marché intérieur. Le recours aux exportations de la part de la Chine vise surtout à se procurer des devises étrangères pour combler ses besoins en importations.

Les grands objectifs nationaux de la Chine pour les années 2000 ont pour cible la régulation des naissances et la modernisation. En ce qui concerne la régulation des naissances, le quota de population fixé à 1,2 milliard pour l'an 2000 était pratiquement atteint au début de 1994.

Dans les centres urbains, les couples doivent signer un engagement les intimant de n'avoir qu'un seul enfant. Si le couple a un deuxième enfant, certains privilèges, comme le droit à un appartement pouvant servir à une famille de quatre personnes, peuvent lui être retirés. De plus, le couple écopera de certaines pénalités, telles que la rétrogradation au travail pouvant aller jusqu'au congédiement.

Ce qui cause problème en ce qui concerne la régulation des naissances, c'est le désir profondément enraciné chez le couple chinois d'avoir un enfant mâle. **Dans certaines agglomérations, il y a cinq fois plus de garçons âgés de moins de cinq ans que de fillettes.** Ces résultats contribueront sûrement au déclin de la natalité – les hommes ne pouvant plus trouver suffisamment d'épouses.

Pour sa part, la modernisation de la Chine vise quatre secteurs : l'industrie, l'agriculture, la défense ainsi que la science et la technologie. La stratégie du gouvernement consiste à regrouper les industries, à les moderniser et à accroître la qualité de leurs produits. Avec la politique de non-dépendance de Mao Zedong, la Chine s'était isolée du reste du monde, et la modernisation de ses industries en avait souffert. Depuis sa mort et le retrait de la «bande des quatre», les politiques économiques chinoises se sont radicalement transformées en faveur d'une plus grande ouverture.

Selon M. Liu Rixin, économiste au Economic Research Center de la State Planning Commission, la Chine a entrepris, en 1991, son huitième plan de développement quinquennal (1991-1995). L'effort est concentré sur la modernisation de son idéologie socialiste. Le gouvernement chinois a l'intention de transformer la Chine en une nation moderne, d'ici l'an 2000, en quadruplant la production et en triplant le revenu annuel moyen par habitant.

Le secrétaire général du Parti communiste, Zhou Zie Yang, mentionnait, en traitant de la stratégie économique des régions côtières, que «des importations massives conduisent à des exportations massives[5].» Il faisait ainsi allusion à l'importation de matières premières afin de les transformer en des produits finis visant l'exportation. Dans la même veine, nous savons que les efforts pour accroître les exportations servent à obtenir les devises nécessaires à l'importation de la technologie et de l'équipement nécessaires pour moderniser la Chine.

LE COMMERCE INTERNATIONAL ET LES INVESTISSEMENTS ÉTRANGERS

Le modèle asiatique de développement international semble suivre de près celui que le Japon a adopté il y a quelques décennies. Le coût de la main-d'œuvre japonaise étant devenu trop élevé, les entreprises locales se sont mises à fabriquer leurs produits à Taiwan, qui expédiait les commandes directement aux clients. Les Japonais n'obtenaient de fait que des contrats de vente. Les gens d'affaires de Taiwan ont alors entrepris d'entrer directement en contact avec les clients des Japonais et de fabriquer les produits directement pour eux à meilleurs prix, ceci leur évitait de passer par un intermédiaire.

À son tour, la main-d'œuvre de Taiwan est devenue trop onéreuse, et les entreprises locales ont décidé d'envoyer fabriquer leurs produits dans le sud de la Chine. Dans un avenir rapproché, il est plus que probable que le sud de la Chine voie à son tour les coûts de sa main-d'œuvre s'élever et que la production doive s'effectuer plus profondément à l'intérieur du pays, afin de profiter d'une main-d'œuvre moins coûteuse.

Le commerce international

Les importations de la Chine étaient de 76,6 milliards de dollars US en 1992. Elles étaient constituées principalement de produits de l'acier, de grains et d'équipement industriel. Les exportations comprennent en grande partie des textiles, des outils électriques et des appareils électroniques.

La RPC importe principalement de Hong Kong, du Japon, des États-Unis et de l'Allemagne. Ses exportations suivent sensiblement la même direction et prennent la route de Hong Kong, du Japon, des États-Unis et de la Russie. **La Chine exportera de plus en plus dans le Tiers-Monde, ses coûts de production étant peu élevés.**

Selon Statistique Canada, de 1991 à 1992, les exportations de produits du Québec en direction de la Chine ont fait un bond de 42,1 % (voir le tableau 2.1), passant de 114 millions à 162 millions de dollars canadiens. Nos exportations étaient constituées surtout de matériel de télécommunication et de transport, d'équipement des industries des pâtes et papiers, de transport et de génération d'électricité.

TABLEAU 2.1 COMMERCE EXTÉRIEUR QUÉBEC-CHINE

	1992	1991
	M $ CAN	M $ CAN
Exportations	162	114
Importations	762	635

Pour leur part, les importations de produits chinois en direction du Canada sont passées durant la même période de 635 millions à 762 millions. Il s'agissait surtout de textiles, de vêtements, de jouets, de chaussures et de petits appareils électriques.

Les investissements étrangers

Les multinationales n'investissent pas toujours en Chine pour profiter d'une main-d'œuvre bon marché. Bien souvent **leur stratégie d'investissement vise surtout un accès à ce gigantesque marché de consommateurs,** tout en profitant de conditions d'investissement parfois avantageuses.

Pour accélérer le développement économique de certaines régions et tenter des expériences d'investissement étranger comportant peu de risques, la Chine a instauré en 1979 des **zones économiques spéciales (ZES).** Ces ZES sont Shenzhen, Zhuhai, Pudong, Shantou et Xiamen.

Une économie de marché domine dans les ZES, et l'État a adopté des mesures exceptionnellement favorables et flexibles afin d'attirer les investisseurs étrangers. En guise de traitements préférentiels, notons, par exemple, des exonérations d'impôt, un accès aux devises étrangères, et une plus grande liberté d'embauche et de licenciement de la main-d'œuvre. En 1984, 14 villes côtières à l'île de Hainan ont été ajoutées aux ZES. Même si la RPC privilégie généralement les entreprises en copropriété, les corporations étrangères sont admises dans ces zones.

Selon M. Luo Long, directeur exécutif de l'Université de gestion internationale et d'économique de Pékin, les ZES ont pour but d'accélérer l'utilisation de la technologie étrangère, d'accroître les exportations et de promouvoir une économie axée sur les exportations, conformément à la nouvelle politique d'ouverture de la Chine au monde extérieur.

En plus des zones économiques spéciales (ZES), l'État a également instauré des **zones économiques libres (ZEL).** Une zone économique libre est une superficie de terrain située à l'intérieur du territoire chinois, mais qui n'est pas régie par son système douanier. Les produits qui y sont importés ne sont pas assujettis aux douanes et ceux qui y sont fabriqués pour l'exportation sont déjà considérés comme étant en dehors du pays. Ces zones sont spécialement créées à des fins de commerce international (production, entreposage, assurances). Elles constituent également une fenêtre sur le monde extérieur. Celle de Tianjin, ouverte en 1991, est située au nord de la Chine et son port donne sur la mer Jaune. La population de la région constitue un bassin de 100 millions d'habitants.

Aux zones économiques spéciales et aux zones économiques libres, l'État a ajouté un **Centre côtier ouvert** *(Open Coastal Area)*. Il couvre 410 000 km² à partir de Datong, dans le Liaoning, au nord, jusqu'à Sanya sur l'île de Hainan, dans le sud. Le territoire comprend 296 villes et 200 millions d'habitants. De 1979 à 1990, 26 000 entreprises étrangères s'y sont établies (90 % de toute la Chine). Elles représentent un investissement total de 30,2 milliards de dollars US.

QUELQUES FAITS SAILLANTS DE L'ÉCONOMIE CHINOISE

- Immense réservoir de main-d'œuvre bon marché

- Population de 1,2 milliard d'habitants représentant un immense marché intérieur

- Troisième plus grande économie du monde

- Revenu par habitant de 595 $ CAN

- Bien des entreprises d'État fonctionnent à perte

- Effort de décentralisation de la part des dirigeants chinois

- Stratégie du pays : moderniser les industries, accroître la qualité des produits et avoir une plus grande ouverture vers l'extérieur

- Présence de zones économiques spéciales et de zones économiques libres qui favorisent les gens d'affaires étrangers

- Les exportations québécoises consistent surtout en matériel de télécommunication et de transport, en équipement des industries des pâtes et papiers, et en transport et en génération d'électricité

- L'État semble privilégier les entreprises en copropriété aux importations et aux investissements directs (à l'exception des ZES)

Les priorités d'investissement sont accordées aux industries d'exportation et à celles utilisant la technologie de pointe (alors que les investisseurs étrangers préfèrent des projets misant davantage sur une main-d'œuvre peu coûteuse que sur une technologie de pointe). On y accepte non seulement des projets de coentreprises, mais également des projets étrangers d'investissement di-

97

rect. On mettra l'accent sur les investissements dans les domaines des ressources énergétiques, des matières premières, des produits chimiques, de la machinerie et de l'électronique[6].

Partout en dehors des ZES, **l'État semble privilégier les entreprises en copropriété aux importations et aux investissements directs**. Il donne nettement priorité aux entreprises pouvant permettre une substitution aux importations et aux entreprises susceptibles d'exporter.

Les entreprises en copropriété sont donc en croissance en Chine et, à ce chapitre, l'État semble vouloir donner une plus grande autonomie aux régions. Ainsi, dans la province de Guangdong, de plus en plus d'entreprises locales sont autorisées à négocier un partenariat éventuel directement avec des entreprises étrangères.

Cette latitude accrue leur permet d'augmenter leur efficacité, tout en favorisant une meilleure connaissance des besoins de la clientèle locale. L'implantation d'une entreprise dans cette région permet de profiter d'une main-d'œuvre moins coûteuse. Ainsi, **dans le domaine de l'électronique, les coûts de production sont moins élevés dans le Guangdong qu'à Taiwan et à Singapour.** D'ailleurs, plus de 60 % de la production électronique du Guangdong est expédiée à Hong Kong.

Au cours de la décennie 1980, plus de 15,5 milliards de dollars US en investissement étranger ont permis la formation d'environ 22 000 coentreprises chinoises[7]. Hong Kong (textiles, électronique et industrie légère) est de loin le principal investisseur, suivi des États-Unis, du Japon et de Taiwan (plastiques et pétrochimie).

Il existe plusieurs exemples de coentreprises sino-canadiennes en Chine. Certaines d'entre elles ont incontestablement connu du succès. En Chine, il faut être patient et songer à des succès à long terme.

Des coentreprises sino-canadiennes en Chine

Coentreprise : Shanghai Holidays Villas Inc.
Partie canadienne : M & E Development Inc.
Partie chinoise : Shanghai Huasheng Cultural Recreation Services Corp.
Construction de villas et d'aménagements auxiliaires

Coentreprise : Shanghai-Seagram Brewery Co. Ltd.
Partie canadienne : Seagram Co. Ltd.
Partie chinoise : China Brewery
Production de vins et de spiritueux

Coentreprise : Shanghai Orchid Rubber Products Co. Ltd.
Partie canadienne : Joe Ng Engineering Ltd.
Partie chinoise : She Shan Industry Corp.
Rechapage de pneus et développement de nouveaux produits à base de caoutchouc

Coentreprise : Shanghai Zhuang Jia Vehicle Sparepart Recovery Co. Ltd.
Partie canadienne : Canadian Technology Investment Consultants
Partie chinoise : Shanghai Huqing Imported Vehicle
Recyclage de démarreurs de moteurs

Coentreprise : Zhong-Jia Pollen Co. Ltd.
Partie canadienne : Canadian Euro-Pacific Investment Ltd.
Partie chinoise : Zhejiang Pollen R & D Centre
Production de pollen liquide, comprimés et capsules

Comme ces quelques exemples l'indiquent, les entreprises canadiennes sont présentes en RPC dans plusieurs domaines d'activité, avec des investissements allant de quelques centaines de milliers de dollars à quelques millions. On y retrouve également des entreprises canadiennes de plus grande envergure, telles que Northern Telecom, Aluminium Alcan, United Tire, Semi-Tech Microelectronics et bien d'autres.

LA MAIN-D'ŒUVRE ET LE MANAGEMENT DE TOUS LES JOURS

Nous vous avons déjà indiqué que le niveau d'éducation en Chine n'est pas très élevé. Néanmoins, selon l'étude de Benedict Stavis et Ye Gangs[8], les techniciens chinois sont considérés, autant par les dirigeants japonais qu'américains, comme de grands travailleurs créatifs. Leur travail manuel est d'une grande précision dans les procédés de fabrication spécialisés. Plusieurs vantent également la loyauté corporative des employés chinois.

La motivation des travailleurs chinois

Il est bien certain que, comme partout ailleurs, un bon programme de formation accompagné d'un système de rémunération motivant sont des facteurs importants de succès. **La rémunération dans les coentreprises est généralement plus élevée que dans les entreprises exclusivement chinoises. De plus, les entreprises étrangères doivent souvent assumer certaines obligations en matière de bien-être social** (cafétérias, cliniques, écoles, etc.).

Étant donné l'esprit de soumission transmis par la culture chinoise au cours des millénaires et par les enseignements de Mao, **le travailleur chinois est généralement soumis, et il accomplit silencieusement et inlassablement sa tâche.**

Une bureaucratie massive

Les relations entre l'État chinois et les entreprises sont caractérisées par une extrême lenteur et peu de flexibilité.

Il est facile d'imaginer que ce phénomène résulte d'une économie trop planifiée et trop centralisée. La bureaucratie est massive et, comme nous venons de le voir plus haut, les infrastructures sont inadéquates en raison d'un profond manque de technologie.

Mao a tenté de renverser la vapeur pour faire disparaître le système de privilèges avec la Révolution culturelle. Il n'a pas tout à fait réussi à y parvenir, ceux qui ont été chassés de leurs luxueuses villas ayant été remplacés par d'autres. L'origine du phénomène bureaucratique en Chine semble dater de la prise du pouvoir en 1949 par les communistes. En effet, ce sont des soldats, pour la plupart d'anciens paysans, qui ont occupé des postes d'autorité en tant que représentants du Parti dans chaque usine, bureau ou hôpital. Ils apportaient leurs valeurs rurales, telles que le respect de l'autorité, la crainte du changement et la phobie des intellectuels. Leur seule véritable formation, l'entraînement militaire, leur avait permis d'apprendre à se battre, mais non à gérer l'État. Leur incompétence et leur égoïsme dans la sauvegarde de leurs privilèges les suivent encore aujourd'hui.

La bureaucratie chinoise semble également découler directement du système des privilèges rattachés à chacun des 24 échelons de la hiérarchie. Chaque décision prise à la base doit gravir les échelons afin d'être approuvée. Ce système permet de maintenir une petite classe d'élite privilégiée, appuyée par la police et les militaires. C'est une contradiction pour un gouvernement qui prône l'égalitarisme et qui a renversé le régime précédent fondé sur les classes et l'élitisme.

Une solution à la bureaucratie

Cette bureaucratie n'est cependant pas incontournable et, comme nous l'avons vu au premier chapitre, **le *guanxi* peut aider à résoudre l'inefficacité dans les transactions d'af-**

faires avec le gouvernement. D'ailleurs, les gens qui occupent des postes de pouvoir sont ceux qui ont le plus large réseau de contacts. Pour réussir, les gens d'affaires étrangers doivent apprendre à développer des relations avec les Chinois influents. D'un autre côté, ceux de bas niveau ont parfois beaucoup d'ascendant à cause du *guanxi*. Certains Chinois aiment même utiliser le *guanxi* dans le seul but de démontrer qu'ils exercent un certain pouvoir.

Une coentreprise nouvellement mise en place doit nécessairement respecter le système de valeurs des Chinois. Elle **doit être structurée de manière assez rigoureuse afin d'établir un sentiment de sécurité chez ses employés, car les Chinois n'aiment pas le désordre.** M. James McGregor, correspondant du *Wall Street Journal* à Pékin, estime que l'appartenance au groupe est naturelle, et ce n'est pas nécessairement une attitude communiste. Les Chinois redoutent les problèmes et la confusion; ils aiment la structure et l'ordre. Ce phénomène découle en partie des principes de Confucius et, par exemple, de la supériorité du père sur le fils et de la primauté de la famille. Toujours selon M. McGregor, la société chinoise est basée sur la honte : «Fais-le, mais ne te fais pas prendre en perdant ainsi la face.»

Les pots-de-vin

Le management quotidien doit nécessairement tenir compte de la culture. **La plus grande entrave au succès commercial avec la Chine réside souvent dans la culture.** Un aspect important des négociations en Chine est celui des pots-de-vin. Les gens d'affaires canadiens habitués à jouer franc-jeu devraient en tenir compte. La méthode chinoise risque parfois de les surprendre. **Il n'est pas rare, par exemple, de devoir offrir des pots-de-vin afin d'accélérer un dossier et d'obtenir un permis.** La corruption des dirigeants chinois a d'ailleurs alimenté certaines protestations contre le régime. La manière de s'en tirer sans aller à l'encontre de ses propres principes est de maîtriser parfaitement les lois locales.

Il ne faut pas cependant exagérer l'importance des pots-de-vin. En Chine, comme ailleurs en Asie, ce n'est pas nécessairement l'argent qui compte le plus, mais les liens d'amitié et les liens familiaux. **Ces liens peuvent à eux seuls ouvrir les portes plus facilement qu'un pot-de-vin ne pourrait le faire.** Mais il n'y a pas que les Chinois qui sont susceptibles de profiter de la corruption. L'attrait de l'argent peut aussi fasciner les cadres étrangers de l'entreprise qui pourraient eux aussi être tentés d'accepter des pots-de-vin. Il faut se méfier d'un vendeur en poste à l'étranger, dont le salaire est de 60 000 dollars et qui conduit une Mercedes Benz. Somme toute, la corruption est quelque chose de bien relatif, et il faut se demander si inviter à ses frais un client chinois à un dîner somptueux constitue un acte de corruption.

Finalement, si la langue est un facteur déterminant au cours des négociations avec les Chinois, question de bien comprendre ce qui s'y dit et de susciter chez son homologue un sentiment de bienveillance, les objets revêtent également une grande importance. Posséder une automobile en Chine est assez exceptionnel, et disposer d'un chauffeur l'est encore davantage. L'appartement le plus prestigieux est au dernier étage, face au sud ou à l'ouest. Posséder un téléphone est assez unique, puisque 1 personne sur 183 bénéficie de ce privilège. Les Chinois sont curieux et observateurs, et le langage des objets est déterminant pour eux. Ces objets renseignent sur le statut et le pouvoir; et le fait de savoir qui détient le pouvoir dans une entreprise chinoise reste primordial.

Comme nous pouvons le constater, la culture influence le management de tous les jours en Chine. **L'avantage de la culture chinoise est d'avoir contribué à produire des travailleurs acharnés et loyaux.** Les gens d'affaires, avant

103

d'investir en Chine, devront se rappeler que, pour dévelop-per une coentreprise, **il faut que les objectifs de la firme et ceux du Parti soient simultanément atteints**. Enfin, la sélection d'employés expatriés devra s'effectuer en fonc-tion de leur facilité d'adaptation face à la vie dans un État autoritaire.

INVESTIR EN CHINE : LES RENSEIGNEMENTS DE BASE

Avec une population d'environ 1,2 milliard d'habitants, une industrie qui a un besoin profond de se renouveler et un revenu par habitant sans cesse croissant, la Chine repré-sente un marché potentiel incroyable. En tant que gens d'affaires québécois, vous devriez y songer sérieusement. Voici les secteurs et les régions d'affaires de la RPC et quel-ques conseils pratiques.

Les secteurs et les régions d'affaires

Nous avons vu que le Québec détient une expertise sur le plan international dans bien des secteurs d'activité. C'est principalement dans ces secteurs que les gens d'affaires d'ici ont le choix d'intervenir. Le Québec a accumulé incon-testablement une expertise unique en hydro-électricité, et la Chine a besoin de développer ses ressources hydrauli-ques. Le Québec contribue d'ailleurs déjà au développement hydro-électrique de la Chine. Un consortium, le Canadian International Project Manager, a été formé par des sociétés québécoises, dont SNC et Hydro-Québec, afin d'effectuer des études de faisabilité pour aménager certains cours d'eau de Chine comme le Geheyan, le Lonton, le Han-shui et le fleuve Jaune.

Le Québec compte plus de 100 sociétés spécialisées en télécommunication. Certaines d'entre elles, dont Northern Telecom, Marconi Canada, SPAR, Positron, SR Telecom et C-Mac, font déjà des affaires en Chine.

En outre, la Chine devra avoir recours à des expertises de toutes sortes, car l'État caresse de nombreux projets de développement de ses infrastructures, notamment des projets en aéronautique. D'après le *China Daily*, les dirigeants de l'aviation chinoise ont déclaré que **le pays aura besoin d'avions, de moteurs et d'installations au sol** en provenance de l'étranger. En effet, les autorités veulent accroître le taux de croissance de l'industrie aéronautique d'ici les dix prochaines années[9].

De plus, durant chacune des cinq prochaines années, la RPC prévoit importer plus d'un milliard de dollars US en matériel de télécommunication. Il existe également **de nombreux débouchés pour les biens d'équipement routier, portuaire, aéroportuaire et ferroviaire, car la Chine souhaite améliorer ses infrastructures sur tous les fronts.** On y retrouve aussi de nombreuses occasions en foresterie. Seulement 12 % de la superficie totale de la Chine est boisée et le gouvernement compte l'accroître à 20 % d'ici l'an 2000.

Une étude commandée par l'ambassade du Canada à Beijing a révélé que le **secteur de la pétrochimie et des produits chimiques est l'un des domaines qui se développe le plus rapidement en Chine.** Cette étude a permis de préciser 10 secteurs d'activité où le Canada et le Québec ont les compétences voulues pour participer au plan de développement chinois.

Ces quelques exemples vous indiquent qu'il existe un grand nombre de possibilités d'affaires en Chine. Vous ne devriez cependant pas négliger pour autant d'autres secteurs d'activité moins névralgiques, qui présentent quand même de bonnes occasions d'affaires. Ainsi, nous avons vu que Seagram du Canada est présente à Shanghai, de même que certaines entreprises de moindre importance qui, par exemple, se chargent de

105

refaire à neuf des boîtes de vitesses de véhicules automobiles ou de recycler de vieux pneus.

LES COMPÉTENCES QUÉBÉCOISES ET CANADIENNES FACE AU PLAN DE DÉVELOPPEMENT CHINOIS

- Aérospatiale et aviation

- Communication des données et produits de transmission

- Produits électroniques et électriques

- Matériel et services de production et de transport d'hydro-électricité et de thermoélectricité

- Technologie minière et métallurgique

- Exploration et exploitation pétrolière et gazière

- Technologie d'empaquetage

- Communication par satellite et antennes de stations terriennes

- Usines et matériel pétrochimiques et chimiques

- Matériel et technologie de transport ferroviaire, portuaire et routier[10]

Outre la région de Pékin, qui est davantage un centre gouvernemental qu'un centre d'affaires, il existe plusieurs territoires qui débordent d'activités en Chine, dont Shanghai, Guangdong, Shenzhen, Fujian et Hainan.

Shanghai

La population est d'environ 12 millions, et la région jouit d'un climat subtropical avec une température moyenne annuelle de 16 °C. C'est l'ancien centre économique et financier de la Chine. On retrouve à Shanghai une zone économique spéciale (ZES), celle de Pudong, située dans la partie est de la rivière Huang pu. De plus, une bourse a également été créée récemment pour la transaction de titres financiers.

Un bon nombre de grandes entreprises constituent l'épine dorsale des activités économiques de Shanghai, en plus d'un bon nombre de PME. En 1991, il existait 13 277 entreprises, dont 1094 entreprises étrangères ayant investi 3,1 milliards de dollars US. Environ le tiers de la production de la région est exportée. **Pudong serait, selon plusieurs experts, le symbole d'un nouvel avenir pour la Chine.** Les principales dispositions du développement de Pudong comportent plusieurs politiques préférentielles.

D'après l'article 12 des *Regulations of the Shanghai Municipality for the Encouragement of Foreign Investment in the Pudong New Area* de 1990, **les entreprises étrangères établies dans le nouveau secteur sont exemptes d'impôt local sur le revenu jusqu'à l'an 2000.**

Depuis 1988, le gouvernement local de Shanghai s'est concentré sur 14 projets industriels clés de manière à développer une technologie de pointe et des produits à haute valeur ajoutée, tels que les matériaux à enduit multifonctionnel et les textiles complexes.

La municipalité a investi 3,8 milliards de dollars américains depuis 10 ans, afin de rénover ses infrastructures. Actuellement, elle élabore un important projet de construction domiciliaire financé à partir des épargnes privées. Comme nous le disait d'ailleurs un responsable à Beijing : «Le gouvernement chinois est pauvre, mais les Chinois eux-mêmes sont riches. Ce sont eux qui ont l'argent.»

POLITIQUES PRÉFÉRENTIELLES DU DÉVELOPPEMENT DE PUDONG

- Taux d'imposition réduit à 15 %

- Équipement, matériaux de construction et véhicules nécessaires à l'industrie exempts de douane

- Les investissements étrangers orientés vers l'exportation sont favorisés

- Les investisseurs étrangers ont le droit d'investir dans les aéroports, les ports, les routes et dans le secteur tertiaire

- On permet aux entreprises étrangères, dans la région de Pudong, de s'engager dans des activités de stockage de matières premières et de pièces de rechange[11]

Nous retrouvons à Shanghai un mélange de libre marché associé à une économie planifiée. **Shanghai est un compromis entre l'économie planifiée de Beijing et l'entreprise quasi libre de Guangdong**.

Pour recruter des investisseurs étrangers, le Conseil d'État de la RPC a créé 10 «fenêtres» sur le monde extérieur, dont la Shanghai Investment and Trust Corporation (SITCO), instaurée en 1981 et employant 448 personnes. Tout en recherchant des capitaux étrangers, la SITCO sert d'intermédiaire dans l'exportation de la technologie chinoise et établit des services d'entretien d'équipement importé[12].

Guangdong

La province de Guangdong est située au sud de la Chine à quelques centaines de kilomètres de Hong Kong. Le delta de la rivière des Perles à Guangdong et le delta sud du Fujian comptent parmi les terres agricoles les plus riches de Chine. Ces deltas sont également les centres les plus développés quant à la fabrication de produits industriels légers et destinés à l'exportation.

La province de Guangdong contribue pour 80 % des besoins de la Chine en devises étrangères. En 1990, elle a exporté pour 10,5 milliards de dollars US, soit 17 % des exportations nationales de la Chine. De celles-ci, 88,8 % prennent la direction de l'Asie, 4 %, de l'Europe et 4 %, de l'Amérique du Nord.

La stratégie économique de cette province est orientée vers l'exportation. **Ses priorités sont : le développement des industries susceptibles de produire des matériaux de substitution aux importations, les industries à haute valeur ajoutée, les industries de pièces de rechange et les projets d'infrastructure**[13].

La science et la technologie constituent des priorités économiques dans la province de Guangdong. Une «ceinture *high-tech*» a été établie dans le delta de la rivière des Perles. Elle a pour centres Guangzhou, Shenzhen et Zhongshan. **Elle cherche à développer des industries qui appliquent les connaissances scientifiques en micro-électronique, en énergie, en biologie et en médecine, afin d'accroître par le fait même l'efficacité économique**[14].

D'après M. Xu Zhuo Yun, directeur du Planning Economics Institute of Guangdong Province, Guangzhou importe des matières premières qu'elle transforme et réexporte par l'entremise de ses filiales situées à Hong Kong. Selon lui, il y aurait, dans cette province, 12 000 entreprises étrangères, dont 10 000 dans le domaine de la transformation.

Les canaux de distribution sont situés à Hong Kong, et c'est par là que transitent les importations et les exportations. Pour M. Xu, le manque d'expertise locale concernant le commerce international et l'absence de contacts obligent le passage par Hong Kong. La Chine voudrait développer ses propres réseaux de distribution.

Shenzhen

C'est une ville côtière située au sud de la Chine, dans la province de Guangdong, et séparée des Nouveaux Territoires de Hong Kong par un bras de mer qui en fait une porte d'entrée sur le reste du monde. Shenzhen est une zone économique spéciale couvrant une superficie de 327 km^2 et peuplée par 1,92 million d'habitants. Cette ville chinoise a connu un développement économique spectaculaire avec un taux de croissance du PNB moyen de 47 % entre 1979 et 1989[15].

Shenzhen accueille actuellement 2470 entreprises industrielles qui emploient plus de 480 000 personnes. L'économie est orientée vers l'exportation et produit 1000 variétés de produits, dont 450 sont destinés à l'exportation. Ce sont des bicyclettes, des montres, des téléviseurs, des vêtements, etc. **On y trouve des industries dans les domaines de l'électronique, des produits chimiques, de la machinerie, de l'industrie légère, des textiles, de l'alimentation, des matériaux de construction, des produits pharmaceutiques et des métaux non ferreux**[16].

Comme à Shanghai, on retrouve à Shenzhen un marché boursier récent. La présence de ce marché pourra aider à poursuivre la réforme économique et à accélérer la croissance de la province de Guangdong. Le marché boursier pourra également aider les entreprises de la province à obtenir plus facilement le capital nécessaire à leur développement.

Fujian

À l'instar de bien des provinces du sud de la Chine, la stratégie économique de la province de Fujian est orientée vers les exportations. La majorité des capitaux qui y sont investis proviennent de Taiwan; la proximité géographique de cette dernière explique en grande partie cette situation.

La province de Fujian se révèle le site d'abondantes ressources minières et d'une importante production agricole. Son site naturel se veut également très propice à l'aquaculture. On y retrouve également de nombreux cours d'eau, dont le potentiel hydro-électrique est peu développé.

Il existerait à Fujian environ 13 000 entreprises industrielles; la majorité d'entre elles sont de petite taille. Les industries légères dominent, suivies des industries de transformation alimentaire.

Hainan

Sa capitale est Haikou. C'est la deuxième plus grande île de Chine. Sa superficie est de 34 000 km^2. Hainan est une zone économique spéciale. C'est la seule région tropicale de la RPC qui récolte plusieurs produits lucratifs comme la canne à sucre, la noix de coco, le café et le caoutchouc. La pêche industrielle y tient également une place importante.

On retrouve à Hainan 1 600 entreprises industrielles **(métallurgie, matériaux de construction, équipement agricole, textiles et caoutchouc).** Les investissements étrangers y demeurent peu importants et représentaient 129 millions de dollars US en 1990.

Quelques conseils pratiques

Si les gens d'affaires canadiens qui désirent développer des relations commerciales ou industrielles avec la RPC peu-

vent y trouver bon nombre d'occasions, plusieurs se heur-
teront à divers obstacles et y verront des limites importantes.
Par exemple, en ce qui concerne les importations, on im-
pose en Chine diverses restrictions sur les produits qui ne
sont pas de première nécessité. C'est le cas, notamment,
de certains produits électroniques et d'appareils électroménagers.

En outre, selon M. Luo Long de l'Université de gestion
et d'économie internationale de Pékin, la RPC souhaite être
autosuffisante; c'est pourquoi les importations directes sont
peu encouragées, à moins que la nation ne puisse fabriquer elle-même ces produits. Selon M. James McGregor,
correspondant du *Wall Street Journal* à Pékin, lorsque la
Chine ne fabrique pas le produit qu'elle importe, les ingénieurs chinois vont démonter le produit en question, en
modifier la conception et le produire eux-mêmes à bien
meilleur coût. Ils sont reconnus pour utiliser cette stratégie commerciale.

Les investissements directs sont plus ou moins autorisés, sauf à l'intérieur des zones économiques spéciales. Par
contre, **les entreprises en copropriété sont encouragées,
surtout si les produits fabriqués sont susceptibles d'être
exportés.** Mais la principale contrainte réside dans le fait
que **les objectifs de la coentreprise doivent coïncider
avec ceux de l'État,** principal partenaire économique de
la coentreprise, celui qui aura nécessairement le dernier
mot.

La première chose à vous rappeler avant de décider de
faire des affaires en Chine, c'est qu'il faut vous montrer
patient; tout le processus, à partir du souhait de s'implanter jusqu'à la vente du premier produit, peut s'étendre sur
dix ans. De plus, **il est difficile de pénétrer le réseau de
distribution chinois.**

Il convient aussi de bien connaître celui avec qui vous discutez afin d'être certain qu'il détient l'autorité nécessaire. Il faudra ensuite vous attendre à ce que les négociations soient difficiles. **Les Chinois sont les meilleurs négociateurs du monde. Ils vont couper les prix.** C'est une pratique normale en Chine. Vous ne devez jamais débuter une négociation en réduisant le prix de vente, espérant ainsi avoir accès au marché. Négociateurs très durs, les Chinois trouveront le moyen de faire baisser le prix davantage.

En général, **vous devez éviter Beijing comme base d'affaires; cet endroit est situé trop près des centres de contrôle, où vous pouvez faire l'objet d'une surveillance plus étroite. Les secteurs côtiers et le sud de la Chine sont généralement les préférés** des hommes d'affaires occidentaux; ils sont situés plus près des installations portuaires, et les matières premières y sont plus accessibles. C'est également là que se situent un grand nombre de zones économiques libres.

Cependant, d'après Mme Lynne Curry, correspondante au *Business Week* et au *Financial Times,* il ne faudrait pas oublier les régions pauvres, telles que Sichuan, la province la plus démunie de Chine, où le revenu annuel par habitant n'est que de 104 yuans. Ces territoires peuvent se révéler des endroits propices pour implanter des entreprises nécessitant beaucoup de main-d'œuvre. Certaines firmes de Hong Kong, de Taiwan et du Japon s'en sont rendu compte et y font là de bonnes affaires.

Dans les coentreprises, le partage des avoirs et des profits se sépare généralement en deux tranches de 50 %. Il existe une procédure d'arbitrage des différends (la cour ou un comité spécial du Foreign Investment Commission). Il ne semble pas y exister de réglementation sur le rapatriement des profits. Le partenaire étranger peut être payé en devises étrangères, en produits ou en matières premières.

Un contrat renouvelable spécifie la durée de la coentreprise, qui est généralement de 5, 10 ou 90 ans.

M. Xia Zhongguang, de la Commission d'investissements étrangers de Shanghai, précise **qu'un partenaire chinois peut être trouvé par l'intermédiaire du** China International Trust and Investment Corporation (CITIC). Règle générale, c'est le partenaire chinois qui se charge de soumettre un projet et une étude de faisabilité au ministère responsable.

Si vous voulez **faire des affaires en Chine, vous ne devriez pas sous-estimer la foire semestrielle des produits d'exportation (Biennial Chinese Export Commodities Fair) comme moyen d'entrer en contact avec des partenaires locaux,** de connaître les produits chinois concurrents et, éventuellement, d'y trouver des produits ou de l'équipement susceptibles d'être importés au Canada. Cette foire, qui se tient au printemps et à l'automne de chaque année, a lieu à Guangzhou et présente plus de 50 000 produits en provenance de toute la Chine. C'est la foire commerciale la plus importante de Chine; elle attire annuellement plus de 30 000 visiteurs et acheteurs. Ceux-ci y achètent pour plus de 4 milliards de dollars américains. La foire sert à promouvoir les importations, le transfert technologique, le jumelage de partenaires pour les entreprises en copropriété, les assurances et la consultation.

Faire de bonnes affaires en RPC peut simplement vouloir dire importer, exporter, accorder des franchises ou établir une coentreprise. Cependant, **les occasions les plus intéressantes relèvent parfois d'une simplicité remarquable.** Ainsi, à Shanghai, au cours d'une visite chez un fabricant de jouets, la Shanghai Toys Import & Export Corp., le directeur de l'usine nous indiquait que certaines entreprises étrangères utilisaient une formule simple et ne nécessitant aucun investissement. C'était le cas, notamment, d'une firme britannique de fabrication de jouets qui

114

passait une commande de jouets à ce fabricant chinois à partir de devis de l'un de ses produits actuels. Cette firme britannique profitait ainsi de prix de revient plus intéressants que ceux de sa propre usine.

INFORMATIONS DE BASE

- Les importations directes sont moins encouragées

- Les entreprises en copropriété sont encouragées

- Les objectifs de la coentreprise doivent coïncider avec ceux de l'État

- Vous devez vous montrer patient

- Il est difficile de pénétrer le réseau de distribution chinois

- Les Chinois sont les meilleurs négociateurs du monde

- Évitez Beijing comme base d'affaires : la surveillance y est trop étroite

- Utilisez la foire de Guangzhou pour mieux connaître les produits locaux et comme rampe de lancement

Finalement, avant de retenir un projet en Chine nécessitant des investissements importants, les gens d'affaires québécois et canadiens doivent **s'assurer qu'il y a sur place un accès aux matières premières, une main-d'œuvre qualifiée, un réseau de transport efficace et un approvisionnement adéquat en eau et en électricité.**

Les organismes d'aide aux étrangers

Les Québécois et les Canadiens soucieux de faire des affaires en Chine peuvent obtenir, par courrier ou sur place, bon nombre de renseignements préliminaires pouvant les guider dans leur décision. La RPC compte un nombre important d'organismes d'aide aux étrangers (voir l'annexe A).

115

LA RPC : UNE OCCASION À NE PAS MANQUER

Nous nous sommes souvent laissé dire par des journalistes américains en poste à Pékin que la **Chine était l'endroit qui sera, au tournant du siècle, le plus enrichissant pour les gens d'affaires.** Nous sommes d'accord avec eux, malgré les embûches que peut parfois comporter l'exécution d'un projet commercial en RPC. À la suite des discussions que nous avons eues avec bon nombre d'étrangers œuvrant en Chine, nous avons accordé notre préférence à la partie sud du pays. Cette région est fortement influencée par les coutumes, les modes de vie et les façons de travailler des gens d'affaires de Hong Kong. Fait à ne pas négliger : le sud de la Chine est une belle région dotée d'un climat fort agréable.

TABLEAU 2.2 INDICATEURS ÉCONOMIQUES DE LA CHINE (1993)

Produit national brut (milliards $ CAN)	708
Croissance du PNB (1993/1992)	13,4 %
Revenu par habitant (dollars CAN)	595
Exportations (milliards de $ US)	91,8
Importations (milliards de $ US)	98,8
Dette publique (milliards de $ US)	77,0
Inflation (8,6 % en 1992)	16,1 %
(Source: Banque Royale du Canada, *Country Outlook*, China, août 1994.)	

L'économie de la province de Guangdong, située au sud de la Chine, et celle de sa voisine, Hong Kong, sont intimement reliées. Guangdong, dont la population s'élève à 64 millions, est la province la plus ouverte et la plus prospère de Chine. Les entreprises de Hong Kong peuvent facilement avoir accès à sa main-d'œuvre bon marché et à ses vastes sites industriels, ce qu'elles ne peuvent pas trouver chez elles. Il n'est pas surprenant alors de constater qu'il y a eu plus de 7 milliards de dollars américains en investissements dans la région au cours des années 1990, dont 90 % provenaient de Hong Kong.

Dans la province de Guangdong, plus de 10 000 coentreprises ont été créées dans le secteur de l'industrie légère, elles qui faisaient appel à une main-d'œuvre bon marché. Cette région diffère considérablement de Beijing et son économie est presque une économie de libre marché. Les deux économies sont tellement liées que plusieurs visiteurs étrangers séjournant à Shenzhen sont surpris de devoir payer leurs repas ou leur transport en dollars de Hong Kong, les gens ne voulant pas accepter de yuans. C'est également à Shenzhen, dans la région de Guangdong, que l'on retrouve la zone économique spéciale la plus prospère de toute la Chine.

LES ASPECTS POSITIFS À PROPOS DE LA CHINE

- Une croissance économique soutenue (Au cours des années 1980, la Chine a augmenté considérablement sa production nationale et ses exportations. Entre 1986 et 1990, le PNB a connu une croissance moyenne annuelle de 7,6 %.)

- Une exemption de 100 % des taxes d'accises (À l'arrivée en Chine de la machinerie et de la matière première nécessaires à la production des coentreprises, il n'y a pas de droits d'accises.)

- Un immense marché (Une population de 1,2 milliard d'habitants représente un important bassin potentiel de consommateurs.)

- Moins de bureaucratie dans les zones économiques spéciales

- Une tendance à la libéralisation de l'économie

- D'excellentes occasions d'investissement lorsque le produit est susceptible d'être réexporté

En outre, Shenzhen est la porte d'entrée pour Hong Kong, et le transport vers cette région s'avère facile. La marchandise peut être expédiée ailleurs dans le monde par le port de Shakou, situé à proximité de Shenzhen. M. Wang Hai Lin, du Shenzhen Municipal Government Economic Development Bureau, précise que les enfants des gens d'affaires étrangers peuvent même se rendre étudier tous les jours à Hong Kong. Shenzhen est également très influencée par les modes de gestion de Hong Kong quant à l'efficacité des entreprises et la qualité des produits.

S'il existe bon nombre d'éléments positifs pouvant inciter les gens d'affaires québécois à investir en Chine, nous y retrouvons aussi un certain nombre d'éléments négatifs : l'impossibilité de convertir la monnaie locale, des pressions inflationnistes et un manque de main-d'œuvre spécialisée.

LES ASPECTS NÉGATIFS À PROPOS DE LA CHINE

- Une bureaucratie omniprésente (Une centralisation importante qui entraîne une lenteur administrative. Par ailleurs, il semblerait que l'influence de Beijing se fait sentir surtout en ce qui a trait à l'approbation de projets d'investissement importants. Pour des projets de moindre importance, l'approbation se fait au niveau régional ou municipal. L'initiative locale sert à démarrer la plupart des projets et leur assurer une viabilité.)

- Un coût de la vie élevé pour les étrangers (M. P.H.N. Mailhot, consul général du Canada à Shanghai, estime que la location d'un appartement peut facilement représenter 20 000 dollars US par année et la location d'une résidence, 72 000 dollars US par année.)

- Des pressions inflationnistes

- Un manque de main-d'œuvre spécialisée

- L'impossibilité de convertir la monnaie locale

CONCLUSION

Retenons, en ce qui concerne les perspectives d'avenir de la Chine, que les dirigeants du Parti communiste chinois ont lancé, à compter de 1978, des réformes économiques importantes en restreignant le rôle de l'État sur l'économie, tout en continuant d'exercer un contrôle étroit sur le pays. Les dirigeants communistes veulent garder le contrôle du pouvoir. La stratégie utilisée par le Parti consistait à privatiser d'abord l'agriculture (on avait fait l'inverse en URSS), puis à privatiser le secteur industriel, où 50 % de la production est maintenant assurée par des entreprises privées.

À la suite de ces réformes, le PNB a connu une croissance moyenne annuelle de 9 %, l'équivalent d'une production économique qui doublerait tous les huit ans. En 1993, l'augmentation du PNB se situait à 13 %. Il est par conséquent évident que ces réformes se sont révélées un succès.

Plus récemment, se tenait à Pékin le 14ᵉ congrès du Parti communiste chinois qui s'est terminé le 18 octobre 1992[17]. En quittant la rencontre, les dirigeants du Parti parlaient dorénavant d'une **économie socialiste de marché.** Ils ont compris que, comme partout dans le monde, la population attend la prospérité du gouvernement. S'il y a prospérité, le peuple est le premier à en profiter et ne tend pas à contester le pouvoir de la classe dominante. Celle-ci est alors plus certaine de le préserver.

Les secteurs d'affaires sont abondants et variés en RPC, qu'il s'agisse de projets gouvernementaux ou d'investissements en vue de satisfaire les besoins grandissants des consommateurs. Rappelez-vous que, malgré certaines difficultés de départ, l'effort en vaut la peine à long terme.

Les villes côtières et les régions du sud sont celles qui présentent le plus d'attraits, étant donné les installations portuaires ou leur proximité du monde occidental. Il est également important de vous rappeler que la grande distance qui sépare cette région de Pékin vous assure d'une surveillance moins étroite de l'État. Évidemment, les gens d'affaires québécois ne devraient pas négliger le potentiel de la Chine qui constituera à coup sûr un marché très intéressant, surtout à long terme.

NOTES

1. «Le parti communiste chinois promet des mesures révolutionnaires», *La Tribune*, le 15 juin 1992, p. 7.

2. SHANGHAI FOREIGN INVESTMENT COMMISSION, *Guide to Investment in Shanghai*, Shanghai, 1991, p. 51.

3. STAVIS, Benedict et Ye Gang, «A survey of Shanghai Joint Ventures», *The China Business Review*, mars-avril 1988, pp. 46-48.

4. AFFAIRES EXTÉRIEURES ET COMMERCE EXTÉRIEUR CANADA, *Introduction à la République populaire de Chine*, document inédit, 1994, 7 p.

5. «Exportations», *China Daily*, 15 octobre 1991, p. 3.

6. YANG, Aiqun, *Intertrade*, Ministry of Foreign Economic Relations and Trade, septembre 1991, pp. 60-63.

7. AFFAIRES EXTÉRIEURES ET COMMERCE EXTÉRIEUR CANADA, *Chine : guide de l'exportateur*, Ottawa, Gouvernement du Canada, février 1991, pp. l2-13.

8. STAVIS, Benedict et Ye Gang, «A survey of Shanghai Joint Ventures», *The China Business Review*, mars-avril 1988, p. 47.

9. *China Daily*, 16 octobre 1991.

10. AFFAIRES EXTÉRIEURES ET COMMERCE EXTÉRIEUR CANADA, *Chine : guide de l'exportateur*, Ottawa, Gouvernement du Canada, février 1991, pp. 21-27.

11. PUDONG DEVELOPMENT OFFICE OF SHANGHAI MUNICIPALITY, *Pudong Development of Shanghai*, Shanghai, document non daté.

12. SHANGHAI INVESTMENT AND SECURITY TRUST CORPORATION, *Shanghai Investment and Trust Corporation : Annual Report*, Shanghai, 1990.

13. HONG KONG TRADE DEVELOPMENT COUNCIL, *Recent Investment Environnements of Guangdong, Fujian and Hainan*, Hong Kong, août 1991.

14. *China Daily*, 15 octobre 1991.

15. SHENZHEN MUNICIPAL PEOPLE'S ECONOMIC DEVELOPMENT BUREAU, *Shenzhen : a Collection of Industrial Products*, Shenzhen, 1989.

16. SHENZHEN ECONOMIC DEVELOPMENT BUREAU, *Shenzhen Investment Guide*, Shenzhen, 1991, pp. 4-6.

17. CHOTARD, Jean-René, «Et la Chine... pendant ce temps», *La Tribune*, 7 novembre 1992.

CHAPITRE 3

HONG KONG : L'APRÈS 1997

Le visiteur qui arrive à Hong Kong est d'abord saisi par le caractère enchanteur et grandiose de la ville. Il se demande ensuite ce qu'il adviendra de Hong Kong après 1997, alors que la colonie sera annexée à la République populaire de Chine.

La colonie britannique de Hong Kong est fortement industrialisée (textile et électronique), et son économie est basée sur le commerce (*trade center*) et les services (avocats, ingénieurs, comptables). **C'est également un entrepôt pour les produits en provenance de la région, principalement du sud de la Chine.**

La lecture de ce chapitre vous convaincra certainement de l'importance des occasions d'affaires offertes à Hong Kong. Pour l'instant, voici quelques aspects marquants de l'histoire de Hong Kong, de sa géographie, de sa vie politique et quelques renseignements quant aux formalités de séjour.

QUELQUES PAGES D'HISTOIRE DE HONG KONG

Au début de son existence, Hong Kong faisait partie de la Chine continentale. À la suite du traité de Nankin signé en

1842, Hong Kong était incorporée à la couronne britannique, mais elle reviendra à la Chine en 1997.

UNE COLONIE BRITANNIQUE

Depuis longtemps, le passé de Hong Kong est lié aux relations commerciales entre la Chine (plus particulièrement les marchands de Canton) et la Grande-Bretagne. Les principaux produits de ces échanges étaient le thé et la soie. Ces produits étaient payés en argent à l'empereur de Chine.

Comme la Grande-Bretagne n'arrivait pas à s'acquitter de ses paiements, et que ce problème empirait au fil des ans, la Compagnie des Indes orientales a fait de l'opium la principale monnaie d'échange avec la Chine. Cette pratique engendra une guerre de l'opium qui se termina en 1842, lorsque les Anglais héritèrent de l'île de Hong Kong. En 1898, à la suite d'une nouvelle négociation, la Grande-Bretagne obtient les Nouveaux Territoires et les îles qui les entourent; cette entente est sanctionnée par un bail de 99 ans, qui prendra fin en 1997.

Lors de la Seconde Guerre mondiale, la colonie britannique est occupée par les Japonais. Durant cette période, les pertes humaines causées par les violents affrontements ainsi que l'exode massif du territoire réduisent de moitié la population de Hong Kong. C'est en 1946 que Hong Kong est récupérée par l'Angleterre.

En 1949, plusieurs Chinois quittent leur pays pour Hong Kong, alors qu'ils voient venir la victoire du communisme sur le continent. L'année suivante, la Grande-Bretagne reconnaît la République populaire de Chine (RPC), tandis que Pékin tolère ce territoire capitaliste, étant donné les possibilités commerciales qu'il offre.

L'APRÈS 1997

Un accord sino-britannique, signé en 1984, précise les conditions du retour de la colonie britannique de Hong Kong à la RPC, à compter du 30 juin 1997. Selon cette déclaration conjointe, à partir du 1er juillet 1997, Hong Kong maintiendra son système capitaliste pour une durée de 50 ans, de manière à ce que la transition se fasse en douceur.

Hong Kong deviendra alors une région administrative spéciale, placée sous la juridiction de la RPC. Elle aura un statut particulier et disposera d'un certain niveau d'autonomie dans la gestion de ses affaires.

Plusieurs citoyens de Hong Kong voyaient arriver 1997 avec morosité, et leur inquiétude s'est accentuée à la suite de l'écrasement sanglant du mouvement étudiant prodémocratique de la place Tian An Men du 4 juin 1989.

Peu après l'événement, les restaurants de Hong Kong étaient déserts et le marché boursier a subi une chute importante de 14 %. Selon certains observateurs de la scène internationale, ces événements expliqueraient la diminution de la croissance du produit national brut, qui n'a connu qu'une faible hausse de 2,5 % en 1989.

Il s'en est également suivi un ralentissement des activités touristiques, la troisième plus importante source de devises étrangères du pays, et le taux d'occupation des hôtels est passé de 92 % en 1988 à 79 % en 1989. Enfin, plusieurs économistes craignaient une diminution importante des investissements des résidents de Hong Kong et de la province chinoise de Guangdong. Nous verrons plus loin que cette crainte ne s'est pourtant pas vraiment concrétisée.

En mai 1989, environ 500 000 personnes ont défilé dans les rues pendant près de 12 heures pour protester contre les dirigeants de Pékin sur la déclaration de la loi martiale et l'écrasement du mouvement étudiant. Hong Kong est bien sûr particulièrement sensible aux agissements de Pékin, puisqu'en 1997 son sort politique et économique sera lié à celui de la RPC.

La manière dont les dirigeants communistes ont traité les événements de la place Tian An Men leur a fait perdre leur crédibilité quant à la façon dont ils dirigeront Hong Kong, d'autant plus que Pékin ne veut pas que Hong Kong serve de base à une subversion anticommuniste.

Craignant l'après 1997, déjà plus de 45 000 personnes ont émigré de Hong Kong en 1988; en 1991, plus de 60 000 personnes quittaient l'île avec leur argent. Cette émigration représente, pour cette seule année, une somme supérieure à 50 milliards de dollars américains. De plus, chaque année, près de 20 000 étudiants inscrits dans des établissements scolaires à l'étranger ne rentrent pas au pays à la fin de leurs études.

En 1990, près de 30 000 habitants de Hong Kong ont rempli une demande en vue d'obtenir un visa de résidence permanente au Canada. Cette partie du continent nord-américain est une destination d'émigration populaire parmi les gens de Hong Kong. Selon Mme Mireille Lafleur, conseillère en chef du bureau du gouvernement du Québec à Hong Kong, plusieurs d'entre eux ont une résidence secondaire au Canada et ont investi dans les deux pays.

L'économie de Hong Kong est reliée de près à celle de la province de Guangdong en RPC. Ces deux régions devront s'ouvrir aux nouveaux courants économiques et politiques après 1997. Ainsi, parmi les problèmes qu'elles devront affronter, il y a celui des emplois. En RPC, par exemple, bien des Chinois ont été habitués à jouir de la sécurité d'emploi assurée par l'État, alors qu'à Hong Kong les employés sont à la merci d'un libre marché parfois impitoyable. Par ailleurs, en jouissant du statut particulier de région économique libre (*Free Economic Zone*), Guangdong a commencé à s'adapter aux aléas d'un marché libre.

Le retour de Hong Kong à la RPC en 1997, sans avoir provoqué la débandade de l'émigration et des investissements, crée une incertitude qui incitera sans doute bien des investisseurs à se tourner vers d'autres pays de l'Asie du Sud-Est et à déplacer leur siège social à Singapour ou à Bangkok, par exemple, où le risque est moins grand. Afin de regagner la confiance des investisseurs locaux et étrangers, la Chine devra, au cours des quelques années qui suivront 1997, démontrer au monde qu'elle tiendra sa promesse de préserver l'autonomie politique de Hong Kong de même que son économie de libre marché.

QUELQUES NOTIONS DE GÉOGRAPHIE

Territoire de petite dimension, Hong Kong, dont la capitale est Victoria, se caractérise par une forte densité de population. Voici les particularités du milieu naturel et humain de cette île de la baie de Guangdong.

LE MILIEU NATUREL

D'une superficie de 1033 km^2, Hong Kong est rattachée au flanc sud-est de la province de Guangdong en République populaire de Chine. Il comprend l'île de Hong Kong, la péninsule continentale de Kowloon ainsi que les Nouveaux Territoires, qui sont rattachés à la Chine populaire, en plus de 236 îlots bordés par la mer de Chine (voir carte géographique).

Hong Kong est située en zone tropicale. Les températures moyennes se situent entre 15 et 30 °C. L'été est chaud et humide avec une température moyenne de 30 °C. Les variations climatiques sont régies par les moussons. Ainsi, de septembre à novembre, Hong Kong bénéficie d'un temps sec et doux. Les mois de décembre et de janvier sont plutôt froids, tandis que le printemps est pluvieux et humide.

Hong Kong

Le relief de Hong Kong est montagneux. Seulement 9,4 % des terres sont fertiles, et il y a peu de cours d'eau. Les constructions, pour leur part, occupent une superficie de 15,7 % de la surface totale. **Les contraintes physiques du territoire expliquent donc la raison d'être de tous ces bâtiments construits en hauteur.**

LE MILIEU HUMAIN

La population de Hong Kong est d'environ 6 millions d'habitants, faisant de la colonie un endroit surpeuplé. Cependant, le taux de croissance de la population est faible; en 1990, il était de 1,4 %. La grande majorité des habitants de la colonie sont d'ascendance chinoise. On y comptait 39 600 Canadiens en 1990.

C'est sur l'île de Hong Kong que sont situés les principaux secteurs commerciaux et financiers ainsi que les quartiers résidentiels les plus luxueux. La péninsule de Kowloon est d'abord une zone commerciale et résidentielle. Au nord de Kowloon, les Nouveaux Territoires regroupent des secteurs industriels et des villes à haute densité de population.

Hong Kong est une ville où il fait bon vivre. Le climat est agréable et la vie, trépidante. On y trouve une grande variété de restaurants; on s'y sent relativement en sécurité et, fait à ne pas négliger, les Canadiens y sont bien accueillis.

LA POLITIQUE À HONG KONG

Le système politique d'un pays a une incidence importante sur la stratégie d'investissement des gens d'affaires étrangers. Nous verrons le système politique en place à Hong Kong et quelques aspects de ses relations internationales.

LE SYSTÈME POLITIQUE

Hong Kong n'est pas une démocratie proprement dite. Même si la colonie est «autogouvernée», son gouverneur et les membres de son Conseil législatif ne sont pas directement élus par le peuple. De véritables élections ont eu lieu à l'automne 1991, ce qui constituait la première étape du processus de démocratisation de Hong Kong, territoire administré par Londres depuis 150 ans.

LES RELATIONS INTERNATIONALES

Il va de soi qu'il existe des liens commerciaux étroits entre la colonie britannique de Hong Kong et le sud de la République populaire de Chine, malgré la divergence de leurs idéologies politiques. Ainsi, plus de 6000 entreprises de Hong Kong sont contrôlées et possédées par des hommes d'affaires de la RPC.

La croissance économique de Hong Kong dépend fortement de l'importation de ses matières premières et de l'exportation de ses produits finis. C'est pourquoi la colonie prône une politique de libre-échange international avec ses nombreux partenaires commerciaux.

LES FORMALITÉS ET AUTRES CONSIDÉRATIONS PRATIQUES

Un séjour à Hong Kong nécessite peu de formalités pour des gens d'affaires canadiens. Voici certains renseignements sur les fuseaux horaires, les formalités de séjour à Hong Kong, le coût de la vie, la monnaie nationale, le transport urbain, la langue et certaines coutumes locales, de même que sur la santé et la criminalité.

LE VISA ET LE FUSEAU HORAIRE

Les citoyens du Royaume-Uni et de ses colonies peuvent entrer à Hong Kong sans visa pour un séjour de moins de six mois. Un passeport valide est cependant requis.

De novembre à avril, il y a 13 heures de décalage entre Montréal et Hong Kong. La différence est de 12 heures en été.

LA MONNAIE ET LES BANQUES

L'unité monétaire nationale est le dollar de Hong Kong ($ HK). À la fin de juillet 1994, un dollar canadien valait 5,43 dollars de Hong Kong. Il y a plusieurs banques sur le territoire et les services de dépannage bancaires sont courants dans les hôtels. La plupart des cartes de crédit sont acceptées.

LE COÛT DE LA VIE

Le prix des chambres d'hôtel est assez élevé à Hong Kong, la moyenne se situant entre 150 et 200 dollars canadiens par jour.

Par contre, les nombreux restaurants offrent un rapport qualité/prix intéressant. La cuisine chinoise, qui était à l'origine une cuisine de pays pauvre, est composée d'une foule d'aliments. Il est ainsi difficile de ne pas goûter un jour ou l'autre à du serpent, du chien ou du nid d'oiseau si on ne dispose pas d'un interprète ou d'un menu écrit en langue anglaise. La cuisine locale est d'une manière générale très raffinée. Il est également facile de trouver des restaurants qui servent de la cuisine occidentale.

LE TRANSPORT URBAIN

Le transport urbain est relativement efficace à Hong Kong, notamment les autobus, les chemins de fer et le métro. Les taxis sont nombreux, et leur prix s'avère raisonnable.

LA LANGUE ET CERTAINES COUTUMES LOCALES

L'anglais et le chinois sont les deux langues officielles reconnues à Hong Kong autant par les autorités gouvernementales que par le milieu des affaires. Le cantonais est le dialecte chinois le plus répandu.

La plupart des gens d'affaires et des représentants gouvernementaux utilisent l'anglais. En revanche, les gens de la rue, bien souvent, ne parlent qu'un dialecte chinois. Si les chauffeurs de taxi parlent anglais, ils ne le lisent pas nécessairement. C'est pourquoi il peut être très utile de se faire indiquer en chinois sur un bout de papier, par un préposé de l'hôtel où l'on loge, l'adresse de sa destination.

QUELQUES CONSIDÉRATIONS PRATIQUES

- Un passeport valide est suffisant
- Un dollar canadien valait 5,43 $ HK en 1994
- La plupart des cartes de crédit sont acceptées
- Le prix des chambres d'hôtel est assez élevé
- La cuisine locale est raffinée
- Le transport urbain est relativement efficace
- La plupart des gens d'affaires et des représentants gouvernementaux parlent anglais
- Il est facile d'y trouver des hôpitaux européens

Quant à la culture, Mme Mireille Lafleur, conseillère en chef du bureau du gouvernement du Québec à Hong Kong, estime que Hong Kong est une ville de paradoxes. Ainsi, l'architecture moderne se partage la scène avec des bâtiments anciens et, du côté culturel, l'instruction avancée côtoie facilement les superstitions.

En outre, malgré les apparences, le Chinois est romantique et sensible. Il aime bien vivre, s'amuser et il adore ses enfants. Plus particulièrement, les Chinois de Hong Kong sont reconnus pour être pratiques, industrieux et travailleurs. Par contre, selon certains Occidentaux, l'argent semble souvent être une fin en soi plutôt qu'un moyen d'atteindre le confort. Ceux qui en ont aiment bien le faire voir. «C'est parfois très artificiel, note Mme Lafleur, alors qu'en Chine populaire, c'est d'être cultivé et altruiste qui est socialement valorisant.»

LA SANTÉ ET LA CRIMINALITÉ

À Hong Kong, la médecine traditionnelle côtoie la médecine moderne. Il est cependant facile d'y trouver des hôpitaux européens. Pour certaines opérations chirurgicales complexes, les patients doivent parfois être transportés par avion dans d'autres pays disposant de meilleures installations médicales.

Si le taux de criminalité est faible en République populaire de Chine et à Singapour, il est, au contraire, plus élevé à Taiwan et à Hong Kong. Néanmoins, le voyageur étranger peut se sentir relativement en sécurité la nuit dans bien des quartiers de Hong Kong.

FAIRE DES AFFAIRES À HONG KONG

Hong Kong a une population de 5,9 millions d'habitants (1991), donc quelque peu inférieure à celle de la province de Québec. En 1991, le revenu par habitant était d'environ 18 000 dollars américains et le taux de chômage était de 2,4 %. Voici les principaux éléments susceptibles d'influen-

133

cer une décision d'investissement à Hong Kong. Les deux économies sont à bien des égards complémentaires.

LES RESSOURCES NATIONALES

Si la situation économique de Hong Kong est prospère, le pays fait piètre figure quant à son autosuffisance, car elle importe de la Chine la quasi-totalité de ses produits alimentaires, comme l'eau potable (25 %), le riz, les légumes, les volailles et le porc. D'un autre côté, **la Chine dépend de Hong Kong comme source de revenus, centre commercial et lieu de rendez-vous d'affaires avec les gens de l'Occident et des autres pays d'Asie.**

Hong Kong doit aussi importer ses matières premières et ses produits semi-finis qui représentent 40 % du total de ses importations. Il est donc évident que Hong Kong, tout en étant prospère, vit en situation de dépendance.

En revanche, **son atmosphère unique et sa situation géographique stratégique en font un lieu privilégié pour rencontrer des gens d'affaires de niveau international.** Ils s'y rendent pour faire des affaires, chercher des idées nouvelles ou de l'information commerciale. Pour bien des résidents et des visiteurs, Hong Kong est synonyme de milieu d'affaires.

LA SITUATION ÉCONOMIQUE

Hong Kong est le plus bel exemple au monde d'une véritable économie de marché. **On y retrouve un minimum de normes et de restrictions, et la paperasse est quasi inexistante. Hong Kong est l'un des endroits du monde où la loi du libre marché est la plus sacrée.** Le gouvernement tente d'interférer au minimum dans le secteur privé, et l'infrastructure commerciale est d'une grande efficacité.

L'économie de Hong Kong s'est d'ailleurs développée d'une manière remarquable grâce à des politiques commerciales particulièrement libérales. **C'est pourquoi il est facile de faire des affaires à Hong Kong, et les occasions ne manquent pas.**

Le taux d'imposition sur les revenus est particulièrement faible. L'impôt individuel n'est que de 15,5 %, et les impôts corporatifs, d'environ 17 %. Le budget du gouvernement est pratiquement équilibré (voir le tableau 3.1), le pays a un surplus commercial, et les réserves en capitaux sont importantes.

TABLEAU 3.1 HONG KONG - BUDGET NATIONAL 1990-1991

Revenus	91,7	milliards $ US
Dépenses	91,0	milliards $ US
Surplus	720,0	millions $ US
Réserves de capitaux	70,8	milliards $ US
Surplus commercial	6,5	milliards $ US

Une économie dominée par des PME

L'économie de la colonie est dominée par des petites et moyennes entreprises. On y dénombre plus de 50 000 entreprises, qui sont pour la plupart des PME comptant en moyenne 16 employés. En raison de leur petite taille, elles sont flexibles et peuvent s'ajuster rapidement aux changements.

Selon M. Lawrence Leung, officier commercial de l'ambassade du Canada à Hong Kong : «**Les édifices sont bâtis en hauteur et, par conséquent, peu propices à l'établissement d'industries lourdes. C'est pourquoi on y retrouve plutôt des PME, et la production se fait à petite échelle.**»

135

Certaines usines plus importantes sont concentrées dans des parcs industriels, tels que Chai Wan et Kai Cho. Le gouvernement essaie d'attirer les entreprises lourdes (usines d'alimentation, de produits électroniques, de métaux et de papier) dans les Nouveaux Territoires, là où il n'y a pas d'édifices à plusieurs étages.

Profiter de la main-d'œuvre bon marché du sud de la Chine

Les entreprises en électronique suivent la même tendance que les autres. Elles sont petites (employant pour la plupart moins de 50 personnes) et fabriquent des jouets, des montres, etc. En raison de la hausse importante des salaires au cours des dernières années, 90 % d'entre elles ont déjà déplacé leur production dans le sud de la Chine afin de profiter d'une main-d'œuvre à meilleur marché. On y fabrique des semi-conducteurs et des appareils électroniques.

Les aires d'excellence

Les aires d'excellence à Hong Kong touchent le commerce et le transport; on retrouve à Kwai Chung le plus grand port de conteneurs de la région. En ce qui concerne la télécommunication, la colonie est le pivot de l'autoroute électronique, et son infrastructure en ce domaine est exceptionnelle, autant chez les vendeurs que chez les utilisateurs. Enfin, bien des ententes financières sont conclues à Hong Kong, et nous y retrouvons des services financiers complets 24 heures par jour. Il existe d'ailleurs plus de 500 institutions financières de toutes sortes à Hong Kong.

La première activité commerciale en importance à Hong Kong, le secteur du vêtement, représentait à elle seule 52 milliards de dollars HK en 1990. Depuis 1978, Hong Kong est le plus important commerçant de vêtements de fourrure du monde. Les appareils électriques et électroniques occupent la deuxième place pour ce qui est des activités commerciales. **Hong Kong est également le plus grand fournisseur de jouets du monde, dont une bonne partie est fabriquée dans le sud de la Chine et réexportée par Hong Kong.**

La colonie se révèle aussi un centre touristique important : on comptait 6,5 millions de touristes en 1990. Pour bon nombre de personnes de partout dans le monde, Hong Kong est l'endroit idéal pour aller magasiner; d'ailleurs, bien des gens d'affaires japonais utilisent Hong Kong comme point de vente de leurs produits.

LA STRATÉGIE ÉCONOMIQUE DU PAYS

L'attrait qu'exerce Hong Kong sur les gens d'affaires étrangers a toujours reposé sur le fait que c'est l'une des économies les plus libres du monde. C'est un pays pratiquement sans droits d'accises, où l'on rencontre peu d'obstacles à l'importation. On y retrouve des droits d'accises seulement sur les cosmétiques, le tabac, les boissons alcooliques et certains hydrocarbures liquides. Il n'existe aucune restriction sur l'échange des monnaies.

Le gouvernement n'accorde ni exemptions fiscales ni subventions. **L'argent, les biens et les individus peuvent entrer et sortir librement du pays, et les fonds peuvent être rapatriés librement.** Il semble que cette politique non interventionniste du gouvernement dans le secteur privé va se poursuivre dans les prochaines années.

À plus long terme, Hong Kong s'oriente vers une économie de services et demeure encore aujourd'hui le centre financier de l'Asie du Sud-Est. Cette prépondérance du secteur tertiaire peut représenter un atout, puisque les économies, où le secteur des services sont développés, traversent généralement les périodes de crise financière avec plus de facilité.

À l'heure actuelle, plus de 20 % du produit intérieur brut (PIB) de Hong Kong provient du secteur de la fabrication, qui emploie 35 % de la main-d'œuvre, alors que le secteur des services représente 60 % du PIB.

Même si **la colonie s'oriente maintenant vers le secteur des services, elle a besoin d'exporter pour soutenir son développement économique.** C'est pourquoi Hong Kong continue résolument de privilégier les domaines d'activité à vocation exportatrice. Ainsi, le secteur de la fabrication de Hong Kong est nettement orienté vers les marchés extérieurs. Plus de 90 % de ses produits sont destinés à l'exportation.

LE COMMERCE INTERNATIONAL ET LES INVESTISSEMENTS ÉTRANGERS

Hong Kong est l'un des quatre petits dragons avec Taiwan, Singapour et la Corée du Sud. Avant la Seconde Guerre mondiale, Hong Kong était l'entrepôt servant au transit des marchandises entre la Chine et le reste du monde. La colonie a cessé de jouer ce rôle à la suite du blocus imposé par les Nations unies sur le commerce avec la RPC durant la guerre de Corée. À partir de l'ouverture des frontières de la Chine en 1979, Hong Kong a repris ce rôle d'entrepôt et de lieu de transit du commerce avec la RPC.

Malgré leurs différences politiques, Hong Kong et la RPC ont toujours gardé leurs économies intimement liées. C'est encore le cas aujourd'hui en ce qui concerne la main-d'œuvre. **Étant donné les coûts élevés de la main-d'œuvre à Hong Kong, les manufacturiers de la colonie se tournent naturellement vers le sud de la Chine pour leur production nécessitant beaucoup de main-d'œuvre, afin de demeurer compétitifs sur le marché international.** C'est le cas particulièrement de l'assemblage de produits électroniques qui requiert une main d'œuvre peu spécialisée. Par contre, la fabrication des composantes nécessite beaucoup de capital et engendre une haute valeur ajoutée. Ces pièces proviennent de Taiwan, de Corée ou du Japon.

Les exportations de Hong Kong représentaient 135,2 milliards de dollars américains en 1993, en majorité des vêtements et des textiles, divers objets manufacturés et de l'équipement électrique. Les importations étaient de 138,7 milliards pour la même période. Une partie importante des exportations de Hong Kong est dirigée vers les États-Unis. Des problèmes économiques dans ce pays touchent donc l'économie de Hong Kong. Cependant, le rôle de la Chine comme partenaire commercial de Hong Kong va en s'accroissant; 80 % des réexportations de Hong Kong prenaient la direction de la Chine en 1993. Ce sera dorénavant la situation économique de la Chine qui influencera le plus celle de Hong Kong.

Les échanges entre Hong Kong et le Canada sont peu importants. Les exportations (vêtements, machinerie électrique et montres) de Hong Kong en direction du Canada étaient de 1,93 milliard de dollars canadiens en 1993, et les importations (machinerie électrique, perles naturelles et cultivées, papier), de 601,6 millions. Depuis l'entrée en vigueur le 1er janvier 1989 de la *Loi de mise en œuvre de l'Accord de libre-échange Canada-États-Unis* (qui permet aux exportateurs canadiens d'avoir accès au marché américain par l'élimination graduelle des barrières tarifaires), il est permis de croire que bien des exportateurs de Hong Kong seront tentés de considérer le Canada comme une porte d'accès facile au marché américain. Cependant, ils doivent considérer que les produits réexportés du Canada vers les États-Unis doivent avoir une valeur ajoutée canadienne minimale de 50 %.

Plus de 400 entreprises canadiennes sont installées à Hong Kong, dont Alcan Asia Limited, Allsteel Canada Ltd, C-I-L Inc., Peerless Carpet Corporation, ainsi qu'un certain nombre de bureaux de comptables, d'avocats et de courtage. La plupart des banques canadiennes y sont présentes, telles que la Banque de Montréal, la Banque Royale du Canada, la Banque Toronto-Dominion, la Banque Scotia, la Banque Nationale du Canada et la Banque Canadienne Impériale de Commerce.

QUELQUES FAITS SAILLANTS SUR L'ÉCONOMIE DE HONG KONG

- Peu de ressources naturelles

- Dépendance vis-à-vis de la RPC

- Marchés peu diversifiés (beaucoup d'exportations aux États-Unis et en Chine)

- Situation géographique stratégique

- Loi sacrée du libre marché

- Bureaucratie quasi inexistante

- Faible taux de taxation

- Économie dominée par les PME

- Possibilité de profiter de la main-d'œuvre à bon marché du sud de la Chine

- Nombreuses occasions d'affaires

- Excellence des services financiers

- Centre touristique important

LA MAIN-D'ŒUVRE ET LE MANAGEMENT DE TOUS LES JOURS

La main-d'œuvre de Hong Kong est exceptionnellement qualifiée, et son niveau de formation est élevé. Le taux de chômage était de 2,4 % en 1991, ce qui frôle le plein emploi. Les secteurs manufacturiers et de la distribution sont ceux qui emploient le plus de main-d'œuvre. Le total de la force ouvrière était de 2,8 millions de travailleurs en 1991.

Une pénurie de main-d'œuvre

Plusieurs facteurs expliquent la pénurie de main-d'œuvre à Hong Kong, en particulier le manque de terrains disponibles à des fins industrielles, et l'exode des cadres et des travailleurs qui craignent l'arrivée de 1997. **Pour contrer ce problème, bien des entreprises ont mis en place des usines dans le sud de la Chine.** Actuellement, plus de 1,5 million de Chinois du sud de la Chine œuvrent pour des entreprises de Hong Kong. Des milliers de femmes des Philippines travaillent comme bonnes à tout faire pour les gens de la classe moyenne.

À Hong Kong, la main-d'œuvre est devenue une ressource précieuse. Les employeurs doivent faire preuve d'imagination pour garder leurs travailleurs. Certaines entreprises paient même des primes en argent proportionnelles au nombre d'années travaillées. D'autres entreprennent des programmes de formation avancée susceptibles de stimuler les employés à garder leur emploi. D'autres encore mettent en place des programmes de développement de carrière et des politiques de promotion internes.

Les hôtels et les industries de la construction nécessitant beaucoup de main-d'œuvre sont particulièrement touchés. Tous ces facteurs ont provoqué une augmentation des salaires qui a atteint les 20 % dans certaines entreprises.

Un amalgame de culture asiatique et occidentale

D'un point de vue culturel, Hong Kong est en quelque sorte bicéphale : d'un côté, elle présente une façade à l'occidentale et un monde d'affaires capitaliste, avec de grands hôtels, des logements ultra-modernes, de belles voitures et des vêtements dernier cri; de l'autre côté, le dragon veille au maintien des coutumes ancestrales (la famille et le culte des ancêtres). Par exemple, **le démarrage d'une nouvelle entreprise peut être retardé de plusieurs semaines afin de ne pas déranger le repos d'un dragon ou de respecter les règles du «*fung shui*», qui s'appuient sur deux éléments naturels : l'eau et le vent.**

Étant donné la solidité traditionnelle des liens familiaux des Chinois, les gens de Hong Kong n'ont pas oublié leurs parents demeurés en Chine communiste : ils leur envoient régulièrement de l'argent par l'intermédiaire de la Banque de Chine.

Cette dualité constatée du point de vue culturel existe également sur le plan économique. En effet, ce sont les riches gens d'affaires de Shanghai qui ont apporté les premiers capitaux à Hong Kong en se dérobant aux lois communistes.

La haute qualité des produits

Bien des dirigeants d'entreprises de Hong Kong se soucient de la qualité de leurs produits. M. Fung Cho-Chak, directeur de la production chez RCL Semiconductors Limited, entreprise qui emploie plus de 250 travailleurs, indique que la préoccupation pour la qualité des produits et la réduction des coûts est un processus continu et que des programmes de formation des employés sont présents à tous les niveaux.

Les réseaux de transport et de communication

D'une façon générale, **Hong Kong est un centre bien organisé sur tous les plans** et possède de bonnes infrastructures. Le territoire comprend un réseau de métro efficace, le Mass Transit Railway, une ligne de chemin de fer qui relie Hong Kong à Guangdong, en Chine continentale, des traversiers, des autobus, un grand nombre de taxis et un service d'hélicoptères. Par contre, les routes sont encombrées et ne suffisent pratiquement plus au nombre d'automobiles.

Sur le plan maritime, le port de Victoria, situé entre Hong Kong et Kowloon, est l'un des ports de commerce par conteneurs les plus actifs du monde. Il a vraisemblablement dépassé en activités celui de Rotterdam. Sur le plan aérien, le territoire est desservi par une quarantaine de compagnies le reliant à 70 autres villes internationales.

Hong Kong est l'un des plus importants centres de télécommunication de l'Asie du Sud-Est. Il est administré par la Cable and Wireless (HK) Limited. Hong Kong dispose également de plus de 100 bureaux de poste, et le courrier est traité rapidement.

Le Hong Kong Convention and Exhibition Center, inauguré en novembre 1988, constitue le plus grand centre de congrès et d'exposition d'Asie avec ses 409 000 m² : il comprend deux hôtels internationaux, 1500 salles de cours et 26 salles de conférences. Ce complexe a été construit afin de fournir les aménagements, la technologie et les services nécessaires à tout événement d'envergure, qu'il s'agisse d'une conférence régionale ou d'un symposium international. Des fontaines et des jardins accueillent le visiteur dans l'atrium de l'entrée du complexe. Il va sans dire qu'un pareil édifice permet de présenter avec faste des expositions internationales et de réunir des gens d'affaires en grand nombre[1].

À Hong Kong, les traditions chinoises coexistent avec les façons de faire occidentales, ce qui influence la

manière de traiter les affaires. C'est pourquoi vous devez être sensibilisé à ces différences afin d'augmenter vos chances de succès.

INVESTIR À HONG KONG : LES RENSEIGNEMENTS DE BASE

Les occasions d'affaires sont illimitées à Hong Kong, cet eldorado des aventuriers peu argentés et très ambitieux. Son excellente situation géographique en fait un centre d'affaires mondial. On peut y retrouver une foule de produits à bon prix que l'on peut écouler partout dans le monde. Les dirigeants de PME québécoises devraient profiter des occasions d'affaires qu'offre Hong Kong. C'est aussi un endroit où le climat est agréable et où il fait bon vivre.

Les Indiens qui habitent Hong Kong en savent quelque chose, et nombreux sont ceux qui ont fait fortune en vendant des montres au Nigeria, des vestons d'hiver (parkas) au Chili ou en approvisionnant le reste du monde en produits du Sud-Est asiatique, tels que des vêtements, des produits électroniques et des jouets.

Les secteurs et les régions d'affaires

La majorité des activités industrielles de Hong Kong sont orientées vers la production de biens de consommation courante, tels que les textiles, l'électronique, les jouets, l'horlogerie et les matières plastiques. Il existe également un nombre important d'industries légères, notamment, dans le domaine de l'outillage électrique, des appareils électroménagers, de la maroquinerie et de la bijouterie.

LES PERSPECTIVES COMMERCIALES À HONG KONG

- Denrées alimentaires

- Produits chimiques

- Produits électroniques et électriques

- Machinerie

- Matériaux de construction

- Services d'ingénierie (contrôle du trafic, systèmes de communication)

- Équipement de lutte contre la pollution

- Télécommunication

- Matériel médical

Actuellement, le marché de la télévision câblée est en forte expansion; il existe de nombreuses occasions pour l'expertise technique et la programmation. Hong Kong présente également un potentiel pour étendre la câblodistribution dans les autres pays asiatiques. Quant aux projets de développement, le gouvernement a entrepris la construction d'un nouvel aéroport à Chek Lap Kok. Pour le rendre accessible, on agrandira le réseau routier, ce qui fera grimper la note à 16,3 milliards de dollars américains.

Selon des représentants commerciaux du Canada à Hong Kong, il y a actuellement des perspectives commerciales intéressantes dans de nombreux domaines d'activité. En tant que dirigeant d'entreprise québécoise, vous devriez aussi en profiter. **Ce sont d'ailleurs des domaines d'activité dans lesquels vous détenez déjà une expertise.**

145

Quelques conseils pratiques

Pour bien des entreprises japonaises, européennes et américaines, Hong Kong est la plate-forme idéale pour lancer une offensive commerciale sur le marché asiatique ou même mondial. C'est aussi un endroit bien centré pour diriger des activités régionales de marketing et de distribution. Pourquoi les gens d'affaires québécois ne se serviraient-ils pas, eux aussi, de Hong Kong comme plate-forme pour se lancer sur le marché international?

Le nouveau Centre de congrès et d'expositions de Hong Kong (qui a coûté 2,5 milliards de dollars de Hong Kong) joue un rôle important dans les affaires mondiales et attire beaucoup de touristes et d'hommes d'affaires. Il peut vous servir à exposer vos produits.

Si les décisions sont lentes en RPC, elles sont rapides à Hong Kong. Particulièrement dans le cas d'importations ou d'exportations, une affaire peut se conclure dès la première visite. **Vous devez donc être prêt et avoir en main toute la documentation sur vos produits ainsi qu'une liste de prix. Vous devez aussi répondre rapidement à toute demande de renseignements, sinon vous risquez de rater une transaction commerciale importante.**

La plupart des entreprises canadiennes installées à Hong Kong sont représentées par des agents locaux. Plusieurs de ces agents peuvent également assurer la distribution des produits ou des services sur le marché de la RPC.

Même si la plupart des grandes organisations à Hong Kong importent directement leurs produits, la grande partie des transactions commerciales se fait par l'intermédiaire d'agents ou de distributeurs. Il est donc souhaitable de vous trouver un représentant chinois, qu'il s'agisse d'un agent, d'un distributeur, d'un associé ou d'un bureau de représentation.

Si vous désirez importer des biens de Hong Kong au Canada, vous avez également besoin de l'aide d'un agent ou d'un représentant pour identifier les fournisseurs potentiels, et régler les problèmes de paiement et de livraison.

Si vous désirez une présence plus marquée à Hong Kong, vous pouvez créer une société entièrement détenue par un propriétaire étranger. Des associations avec des entreprises locales (coentreprises) sont également possibles. Les formalités d'enregistrement des entreprises sont réduites au minimum.

L'un des rôles de la Chambre de commerce du Canada et du Haut-Commissariat du Canada est d'associer des partenaires de Hong Kong à des gens d'affaires canadiens. Ces organismes détiennent une liste des entreprises locales leur permettant de faire le croisement avec un partenaire compatible.

Avant de faire des affaires à Hong Kong, nous vous suggérons fortement de demander de l'aide auprès d'un organisme du Canada sur place, tel que la Chambre de commerce canadienne à Hong Kong, le Haut-Commissariat du Canada, le gouvernement du Québec ou le Hong Kong Trade Development Council.

RENSEIGNEMENTS DE BASE

- Songez à considérer Hong Kong comme la plate-forme éventuelle de lancement pour tout le marché asiatique

- Assurez-vous les services d'un agent local

- Cherchez un partenaire compatible

- Soyez prêt : les décisions se prennent rapidement

- Répondez rapidement aux demandes de renseignements

- Consultez un organisme d'aide du Canada

HONG KONG : D'INNOMBRABLES OCCASIONS

Nous avons déjà fait état des débouchés importants qu'offre Hong Kong en ce qui concerne les produits et les services québécois et canadiens. Vous ne devez pas non plus oublier les nombreux produits que vous pouvez y trouver et que vous pouvez importer au Canada ou ailleurs dans le monde.

TABLEAU 3.2 INDICATEURS ÉCONOMIQUES : HONG KONG (1993)

Croissance du PIB	5,5 %
Revenu par habitant ($ US)	18 670
Inflation	8,5 %
Chômage	2,4 %
Exportations de marchandises (milliards $ US)	135,2
Importations de marchandises (milliards $ US)	138,7

(Source : Banque Royale du Canada, *Country Outlook, Hong Kong*, août 1994.)

En ce qui concerne la production locale, Hong Kong offre des coûts de fabrication inférieurs à ceux du Japon, de Taiwan et de la Corée du Sud. Ainsi, certains gens d'affaires canadiens auraient peut-être intérêt à utiliser leur technologie à Hong Kong pour y faire fabriquer des produits à moindre coût, quitte à les réexpédier au Canada. Il existe plusieurs facteurs économiques si favorables à Hong Kong qu'il vaut souvent la peine d'y investir.

Comme partout ailleurs, Hong Kong présente des facteurs négatifs, dont l'incertitude engendrée par l'arrivée prochaine de 1997. Toutefois, l'activité économique n'a pas diminué pour autant. Elle a été pleine d'entrain tout au cours de 1993 et au début de 1994.

LES FACTEURS FAVORABLES À HONG KONG

- Le secteur des services et des finances est en pleine expansion.

- Les occasions d'affaires sont nombreuses.

- La colonie possède d'excellentes infrastructures et un réseau de communication hors pair. (En entrant dans une banque, un aéroport ou un bureau, nous y retrouvons la technologie d'information et de communication la plus avancée du monde.)

- La colonie constitue une économie extrêmement libre.

- Il y a peu de contraintes bureaucratiques.

- Les taxes sont maintenues au minimum et les impôts sur les revenus atteignent un maximum de 15 %.

LES FACTEURS DÉFAVORABLES À HONG KONG

- La situation économique américaine et chinoise influence les exportations de Hong Kong.

- L'inflation élevée (voir le tableau 3.2) mine la compétitivité des exportations. (Ceci est atténué par le fait que bien des entreprises de Hong Kong font fabriquer leurs produits de l'autre côté de la frontière, dans la province de Guangdong.)

- L'arrivée prochaine de 1997. (Le retour prochain de Hong Kong à la RPC mine parfois la confiance des gens d'affaires quant aux investissements et aux intentions d'achat.)

- L'insuffisance d'infrastructures.

- La rareté de la main-d'œuvre.

- Le marché boursier est davantage influencé par les décisions de Pékin que par la situation économique locale.

CONCLUSION

Hong Kong vous offre de nombreuses occasions d'affaires tant en ce qui a trait aux importations qu'aux exportations. En revanche, l'essoufflement de l'économie de la RPC risque de nuire quelque peu à la croissance économique de Hong Kong. Par ailleurs, un taux de croissance constant du PIB (4,2 % en 1991, 5,3 % en 1992 et 5,5 % en 1993), un faible taux de chômage (presque le plein emploi), peu de bureaucratie, d'excellents services financiers et une situation géographique stratégique en font un endroit idéal pour investir. C'est le milieu d'affaires par excellence pour un dirigeant de PME québécoise.

NOTES

1. *Hong Kong Convention Centre*, Wanchai, Hong Kong, 1990, p. 4.

2. AFFAIRES EXTÉRIEURES ET COMMERCE EXTÉRIEUR CANADA. *Hong Kong : guide de l'exportateur canadien*, Ottawa, pp. 28-29.

CHAPITRE 4

TAIWAN :
UNE CROISSANCE SOUTENUE

En arrivant à Taipei, vous serez étonné par le rythme effréné des Formosans. Les rues de la capitale sont bondées de véhicules de toutes sortes, dont de nombreux cyclomoteurs. Taiwan est un pays en pleine croissance, et tout semble se passer de manière accélérée. **La circulation est dense, les gens sont pressés et la capitale est polluée.**

Taiwan présente la treizième plus grande économie du monde. L'industrie du pays est nettement orientée vers l'exportation. La population est peu élevée, et le pays doit faire appel aux marchés étrangers pour maintenir son rythme de croissance. Par contre, vous verrez qu'il existe un bon marché interne pour les produits hautement perfectionnés. Taiwan vous offre de nombreuses occasions d'affaires dans des secteurs d'activité où vous détenez déjà une expertise.

Depuis quelque temps, le gouvernement tente de libéraliser davantage les investissements et les échanges économiques. Étant donné la hausse du prix de la main-d'œuvre et de la matière première ainsi que la résistance de plus en plus marquée des consommateurs à payer plus cher pour les produits et services, les industries locales devront sous peu faire face à une baisse de leurs profits ou accroître leur productivité.

QUELQUES PAGES D'HISTOIRE DE TAIWAN

Taiwan, pays que l'on désigne aussi sous le nom de République de Chine (Republic of China : RC), est l'un des quatre «tigres» ou «dragons» d'Asie avec Hong Kong, Singapour et la Corée du Sud. Ces pays portent ce nom en vertu de la croissance exceptionnellement rapide de leur économie et de leur influence grandissante dans le monde international des affaires. Vous verrez comment la société actuelle de Taiwan a été marquée par son histoire.

LES PÊCHEURS INDIGÈNES

Les premiers habitants qui s'établirent à Taiwan étaient des indigènes d'origine malayo-polynésienne et venaient vraisemblablement des anciennes peuplades Miao du sud de la Chine. Ils vivaient de chasse et de pêche sur les plaines côtières. De ces premiers habitants, 322 000 vivent toujours à Taiwan, ce qui représente moins de 2 % de la population actuelle. Les Chinois de la province voisine de Fujian y sont venus par la suite à des fins d'échanges commerciaux.

PUIS LES HOLLANDAIS, LES ESPAGNOLS... ET LES JAPONAIS

Taiwan, alors connue sous le nom de *Ilha Formosa* (signifiant «belle île»), fut envahie par les Hollandais en 1624, alors que la population locale représentait environ 30 000 habitants. Puis ce fut au tour des Espagnols d'occuper l'île deux ans plus tard. En 1641, les Hollandais reprirent le territoire.

C'est en 1683 que Koxinga (*Cheng Cheng-kung*), un partisan de la dynastie des Ming, chassa les Hollandais. Dix ans plus tard, les Mandchous occupèrent l'île, et l'immigration en provenance du sud-est de la Chine s'intensifia. En 1886, Taiwan devint une province de la Chine alors que sa population atteignait 2,5 millions d'habitants.

À la fin de la guerre sino-japonaise, en 1895, la Chine céda Taiwan au Japon; la colonisation dura 50 ans, c'est-à-dire jusqu'en 1945. **Pendant leur occupation, les Japonais développèrent les infrastructures de Taiwan (routes, chemins de fer et ports).** Les Japonais s'y appropriaient la matière première nécessaire à leur industrialisation ainsi que les surplus agricoles, tandis que les Formosans recevaient en échange des produits fabriqués au Japon.

Après avoir vécu 50 ans de stabilité sociale et économique, Taiwan est rétrocédée par les Japonais, en octobre 1945, au gouvernement nationaliste chinois de Chiang Kai-shek. Cette rétrocession découlait d'une promesse faite par les Alliés et ratifiée par la déclaration de Potsdam.

LA RÉPUBLIQUE DE CHINE (TAIWAN)

D'après les autorités de Taiwan, c'est le 1er janvier 1912 que la République de Chine (y compris l'actuelle République populaire de Chine) a été fondée par le Dr Sun Yat-sen après une révolution réussie. Le Dr Sun et ses compatriotes républicains chassèrent la dynastie corrompue des Ch'ing, qui gouvernait la Chine depuis 1644. Il croyait que le peuple chinois devait être gouverné selon les «trois principes du peuple» : le nationalisme, la démocratie et le bien-être du peuple.

Pendant la guerre civile sur le continent entre les forces nationalistes (le Guomindang) et les troupes dirigées par le Parti communiste chinois, Taiwan était devenue une source d'approvisionnement et de financement pour les nationalistes. À la suite de son revers militaire, le Parti nationaliste de Chiang Kai-shek a battit en retraite. En 1949, ses principaux dirigeants se réfugièrent et s'installèrent dans la province voisine de Taiwan, qu'on appelle parfois la «Chine libre». Ils y instaurèrent l'état de siège en mai 1949 et y imposèrent la loi martiale jusqu'en juillet 1987.

Ainsi, même s'il n'occupe qu'une faible partie du territoire chinois, le gouvernement de la République de Chine (Taiwan) se déclare toujours le seul gouvernement légitime de toute la Chine, y compris celui de la République populaire de Chine (RPC).

Après sa défaite militaire sur le continent et pour se refaire une nouvelle image, le Guomindang, sous la tutelle de Chiang Kai-shek (1950-1975), instaure de nombreuses réformes à Taiwan. Du côté politique, on rassemble un bon nombre de groupes révolutionnaires autour d'un même parti. Du côté économique, le régime décide d'assurer la prospérité pour l'ensemble de la population à partir d'une stratégie de négociation.

Chiang Kai-shek est remplacé au pouvoir par son fils Chang Ching-kuo (1978-1988), qui accorde davantage de pouvoir à la classe moyenne. Il lève la loi martiale en 1987. De nos jours, de plus en plus de pays reconnaissent plutôt le régime de Beijing comme le seul représentant de la Chine.

QUELQUES NOTIONS DE GÉOGRAPHIE

L'île de Taiwan, de petite dimension, a une population dense. Voici quelques aspects importants de sa géographie.

LE MILIEU NATUREL

L'île de Taiwan est située entre le Japon et les Philippines sur une ligne nord et sud-ouest. Elle épouse la forme d'une feuille de tabac et mesure 377 km de long sur 142 km de large. Le territoire sous le contrôle de Taiwan occupe une superficie de 36 000 km². **Le développement s'est sur-**

tout fait dans la partie ouest de l'île, celle-ci étant moins montagneuse.

Le territoire comprend 86 îles, dont Taiwan, Penghu, Kinmen, Matsu, Pratas et Spratly. Taiwan, à mi-chemin entre Shanghai et Hong Kong, est séparée de la République populaire de Chine par le détroit de Taiwan[1]. La plus courte distance entre la RPC et Taiwan est de 130 km.

Le relief de Taiwan est accidenté. Plus de 60 % du territoire est montagneux. Le massif central comprend 62 sommets ayant une élévation supérieure à 3000 m. Ses majestueuses montagnes, qui donnent à l'île un cachet particulier, n'en limitent pas moins la surface utilisable à des fins agricoles et urbaines. Il existe néanmoins une grande plaine du côté ouest, et moins du tiers du sol formosan est arable.

L'île de Taiwan jouit d'un climat océanique et subtropical, dans le nord, et tropical, dans le sud. La mousson d'été va de mai à septembre et la mousson d'hiver, d'octobre à mars. Le climat tropical assure une végétation florissante. Les plus grands risques de typhon se présentent en juillet et en août. Les températures les plus basses sont de 10,1 °C en hiver et les températures les plus élevées atteignent 35,6 °C en été.

Taipei, la capitale, est située au nord de l'île, dans un bassin traversé par trois rivières. La ville de Kaohsiung, dont la population frôle 1,4 million d'habitants, est la plus grande cité industrielle et commerciale du pays.

Taiwan

LE MILIEU HUMAIN

La presque totalité de la population de Taiwan est d'origine chinoise; ce sont des descendants de Chinois ayant immigré de Fujian entre les XVIIe et XXe siècles. Plus de 2 millions d'entre eux sont venus du continent entre 1947 et 1949.

La population de Taiwan était de 20,7 millions d'habitants à la fin de 1992. Dans le nord, plus de 2,7 millions de personnes vivent à Taipei, un centre financier, politique et culturel. Dans le sud, environ 1,3 million d'habitants vivent dans la cité portuaire de Kaohsiung. Avec 565 personnes au km^2, la densité de la population de Taiwan est la deuxième plus importante au monde après celle du Bangladesh.

La philosophie traditionnelle chinoise met l'accent sur un système familial très lié, le respect de l'éducation et des personnes âgées et la fraternité entre les hommes et les femmes. Les Chinois ont du respect pour leurs parents et leurs ancêtres qui ont pavé la voie de leur propre vie.

La plupart des Chinois de Taiwan ne vivent pas dans des résidences individuelles, mais plutôt dans des appartements et des immeubles en copropriété. Plus de 70 % des familles formosanes sont propriétaires de leur résidence, pourvue d'électricité et d'eau courante.

Le taux d'accroissement naturel de la population diminue continuellement : il est passé de 3,7 % en 1956 à 1,2 % en 1990. La population est plutôt jeune : 27,5 % de la population a moins de 15 ans et seulement 3,5 % a plus de 65 ans.

LE SYSTÈME POLITIQUE À TAIWAN

Après quelques décennies d'une politique plutôt rigide, le gouvernement de Taiwan a opté, ces dernières années, pour un assouplissement institutionnel. Voici quelques notions sur le système politique de Taiwan et sur ses relations internationales.

Le président de Taiwan est le plus haut représentant du pays. Le rôle de l'Assemblée nationale est rempli par trois organismes gouvernementaux : l'Assemblée nationale, le Yuan législatif et le Yuan de contrôle. Nous retrouvons à Taiwan trois niveaux de gouvernement : central, provincial et régional.

Chiang Kai-shek a été président du parti Guomindang jusqu'à sa mort, en 1975. Le vice-président de l'époque, Yen Chia-kan, lui a alors succédé pour être remplacé, en 1978, par le fils de Chiang Kai-shek, Chiang Ching-kuo, qui a alors été élu président. Il a été réélu pour un autre mandat de six ans en 1984 et est décédé en 1988. Lee Teng-hui, natif de Taiwan et alors vice-président, lui a succédé.

Lee Teng-hui est le premier Formosan d'origine à accéder à la présidence du pays. Ainsi, pour la première fois, on brise la tradition du pouvoir détenu par la vieille garde issue du continent. Ses deux principaux objectifs visent une réforme du système politique de façon à ce qu'il soit plus représentatif et une nouvelle évaluation des relations entre Taiwan et Pékin. Pour les vieux routiers de la politique de Taiwan, il ne devrait y avoir qu'une seule Chine unifiée et non communiste, alors que d'autres prônent l'indépendance vis-à-vis du continent, option qui est actuellement menaçante sur le plan de la sécurité nationale.

De nos jours, il existe un grand débat entre les natifs de Taiwan et ceux de Chine quant à la nature des relations qui devraient exister avec la mère patrie. D'un côté, les partisans de l'indépendance de Taiwan souhaitent que l'île soit une république indépendante de la Chine. Ils préten-dent que le statut légal de Taiwan n'a jamais vraiment été éclairci au terme de la Seconde Guerre mondiale. Ils veu-lent, en somme, couper définitivement leur lien avec la République populaire de Chine.

De l'autre côté, on souhaite le statu quo et on prétend même que la recherche de l'indépendance pourrait com-porter de graves risques. En effet, les communistes chinois ont menacé d'utiliser la force si Taiwan voulait se séparer. À l'étranger, bien des pays, dont les États-Unis, admettent que Taiwan fait partie de la Chine.

En 1986, est né, en République de Chine, un parti d'op-position, le Parti démocratique progressif (PDP). Jusqu'en 1987, le système politique pouvait être considéré comme l'hégémonie d'un seul parti politique. Cependant, le sys-tème politique de la nation est en pleine transition : passage d'un système politique d'un seul parti à un système plus ouvert. Aux élections de 1989, le PDP a obtenu 21 des 101 sièges du Yuan législatif.

Enfin, **la tendance à une plus grande libéralisation s'est aussi manifestée à d'autres niveaux**. Depuis 1987, la peine de mort a été abolie, et les partis d'opposition ont été légalisés. On observe aussi une plus forte tendance à la privatisation des 160 sociétés d'État, processus malgré tout assez lent.

LES RELATIONS INTERNATIONALES

Pour bien comprendre la politique de Taiwan en matière de relations internationales, il est essentiel de revenir briève-ment à son histoire. En 1949, légalement, le gouvernement central de la République de Chine s'est installé à Taiwan après avoir été obligé de se retirer du continent chinois. L'objectif national de Taiwan était, à ce moment-là, de préserver sa souveraineté nationale. Il fallait donc que le gouvernement de la République de Chine tente d'établir et d'entretenir des alliances avec d'autres pays démocratiques. Il lui fallait également chercher à maintenir le statut de la République de Chine (Taiwan) comme seul gouvernement légitime du territoire chinois.

En somme, **le gouvernement de Taiwan se proclame le seul dirigeant légitime de toute la Chine, qu'il appelle la République de Chine (RC). Le gouvernement de Pékin prétend être le seul dirigeant de ce qu'il considère la province de Taiwan. Dans un sens, ils s'entendent sur la même chose : Taiwan est considérée comme partie indivisible de la Chine, autant par le gouvernement de Taipei que par celui de Pékin.** La différence, c'est que le gouvernement de la RPC et celui de la RC prétendent avoir tous deux le droit légitime de gouverner la Chine.

Dans un tel climat, il est plus facile de comprendre la politique de Taiwan en matière de relations internationales et d'imaginer qu'au cours des 40 dernières années les relations entre Taiwan et la République populaire de Chine ont été marquées par l'hostilité et la confrontation. Même les échanges commerciaux entre les deux pays étaient considérés comme illégaux par les deux gouvernements, et ce, jusqu'aux années 1970.

En 1987, le décret d'urgence a été levé et, moins de deux ans plus tard, plus d'un million de Formosans avaient visité des parents sur le continent. En 1989, les échanges commerciaux entre Taiwan et la RPC atteignaient 3,5 milliards de dollars américains.

L'un des objectifs du gouvernement actuel de Taiwan est d'accroître les échanges avec la République populaire de Chine et même d'en arriver à la réunification pacifique de la RC et de la RPC. Le principe réunificateur serait «un pays, deux systèmes».

Suivant le plan de Pékin, s'il devait y avoir réunification de Taiwan avec le continent, Taiwan serait autorisée à préserver un haut niveau d'autonomie politique et économique, de même que ses forces armées, pourvu qu'elle renonce à sa souveraineté et à son indépendance. À Taiwan, certains doutent de la sincérité de Pékin. Plusieurs ne veulent pas que Taiwan soit considérée comme une «zone administrative spéciale» sous la juridiction du régime communiste de la Chine, un peu sur le modèle de Hong Kong lorsque la colonie sera rendue à la RPC en 1997.

Les relations de Taiwan avec le Canada sont plutôt tièdes. Le fait que ce dernier ait reconnu la République populaire de Chine comme le seul gouvernement légitime du continent chinois a dressé des barrières sur le plan commercial. Ainsi, le Canada n'a pas d'ambassade à Taiwan, mais maintient un bureau commercial sous la responsabilité de la Chambre de commerce.

LA SÉCURITÉ NATIONALE

Taiwan possède une armée, des forces navales et aériennes. Le *Taiwan Relations Act* stipule que les États-Unis doivent fournir à Taiwan l'armement nécessaire à sa défense. **La politique de défense de Taiwan est centrée sur le maintien d'une force capable de faire face à une invasion éventuelle de la République populaire de Chine.**

Taiwan entretient des relations tendues avec la Chine, même si ces dernières semblent s'améliorer au fil des ans. Il en est de même, mais à un degré moindre, avec tous les autres pays qui reconnaissent Pékin comme le seul gouvernement légitime de tout le territoire chinois.

LES FORMALITÉS ET AUTRES CONSIDÉRATIONS PRATIQUES

D'une manière générale, les formalités de séjour à Taiwan sont un peu plus compliquées que dans d'autres pays d'Asie, comme Hong Kong. Vous comprenez pourquoi à la suite de la lecture de la section précédente.

LE VISA

Les étrangers qui désirent visiter Taiwan doivent se procurer un visa auprès d'une ambassade de Taiwan, d'un consulat ou d'un organisme représentant Taiwan à l'étranger. Il existe trois types de visas : le visa de visiteur (pour des visites de courte durée), le visa de groupe et le visa de résident (pour des séjours de longue durée).

LA MONNAIE ET LES BANQUES

La monnaie nationale du pays est le *New Taiwan Dollar* ($ NT). À la fin de juillet 1994, un dollar canadien valait 19,34 $ NT. Des dollars peuvent être échangés contre des devises locales à l'aéroport, aux banques désignées et dans les hôtels. La plupart des cartes de crédit sont acceptées.

LE COÛT DE LA VIE

Il existe à Taiwan de nombreux hôtels de réputation internationale. Les prix de la classe touriste varient entre 1000 $ NT et 2500 $ NT, et le service y est impeccable. **Les gens d'affaires qui veulent y séjourner plus longtemps peuvent choisir parmi une vaste gamme d'appartements**. La plupart d'entre eux ne sont pas meublés, mais ils sont pourvus d'un système de climatisation, élément de confort essentiel à Taiwan.

En ce qui concerne la restauration, il est facile de trouver, à des prix convenables, de la bonne cuisine chinoise, européenne, japonaise, coréenne ou toute autre cuisine asiatique.

LE TRANSPORT INTERNATIONAL ET URBAIN

Il existe deux aéroports internationaux : le Chiang Kai-shek International (le plus important) et le Kaohsiung International. Ces deux aéroports sont efficaces et achalandés. La situation de Taiwan, entre Tokyo et Hong Kong, explique en bonne partie cette intense activité. La plupart des compagnies aériennes internationales y offrent des vols.

L'aéroport CKS International est situé à 40 km (une heure) de Taipei. Le visiteur qui souhaite faire le trajet en taxi doit négocier le prix avec le chauffeur (environ 800 $ NT). Taiwan est également dotée de nombreux services de transport international par cargo aérien et maritime.

Taiwan bénéficie également d'un réseau d'autobus relativement efficace, mais dont les parcours peuvent sembler incompréhensibles pour le visiteur étranger. Le transport commercial local peut se faire par avion, par chemin de fer (parcours supérieur à 1000 km) et par route.

LA LANGUE ET CERTAINES COUTUMES LOCALES

La langue officielle de Taiwan est le mandarin. Le taiwanais, une variante du dialecte de Fujian, est également parlé dans les rues et au sud de l'île. L'anglais et le japonais sont les langues secondes. **La plupart des gens d'affaires et des employés d'hôtel se débrouillent en anglais, ce qui n'est pas toujours le cas des gens de la rue.**

Tout comme à Hong Kong, si bien des Formosans parlent l'anglais, souvent, ils ne savent pas l'écrire. C'est pourquoi vous devriez demander à un employé de votre hôtel d'écrire en chinois l'adresse de votre destination. Vous pourrez ainsi remettre cette note au chauffeur de taxi.

Le pourboire n'est pas une coutume courante à Taiwan (comme dans bien des pays d'Asie d'ailleurs). Des frais de service de 10 % sont habituellement ajoutés à la note d'hôtel et à l'addition de restaurant.

Rappelez-vous qu'à Taiwan, comme en Chine, **les présentations entre personnes demeurent incomplètes s'il n'y a pas échange de cartes professionnelles.** Et n'oubliez pas qu'il est préférable d'imprimer ces cartes en anglais et en chinois au verso. Le français est une langue pratiquement inconnue à Taiwan.

La chaleur des mois de mai à octobre nécessite des vêtements légers (l'été, les hommes d'affaires portent une chemise à manches courtes et une cravate), alors qu'un veston est nécessaire en hiver. Des vêtements voyants et une trop grande exposition de la peau sont culturellement inacceptables à Taiwan.

Après une journée de travail chargée, les gens d'affaires retrouvent à Taiwan le culte des soirées de l'homme d'affaires. Contrairement à la République populaire de Chine, Taiwan est pourvue de nombreux restaurants, bars et pubs, où les gens d'affaires peuvent se détendre. Ces établissements présentent de la musique et des chanteurs. Pour les visiteurs qui veulent goûter à l'exotisme asiatique, il existe de nombreux clubs *karaoke* japonais, où les clients sont fortement invités à aller chanter sur scène leur chanson préférée. Ces établissements sont très populaires chez les Asiatiques.

QUELQUES CONSIDÉRATIONS PRATIQUES

- Vous devez obtenir un visa
- Un dollar canadien valait 19,34 $ NT en juillet 1994
- Le coût de la vie n'est pas trop élevé
- La cuisine est bonne et variée
- Le pourboire n'est pas de mise
- Le transport international est efficace
- Vous devez présenter votre carte professionnelle
- Les gens d'affaires parlent anglais
- On y retrouve le culte des soirées de l'homme d'affaires

FAIRE DES AFFAIRES À TAIWAN

Taiwan est l'un des quatre pays nouvellement industrialisé de l'Asie de l'Est, avec Hong Kong, Singapour et la Corée du Sud. De 1953 à 1990, la croissance moyenne du PNB de Taiwan a été constante et s'est maintenue à 8,7 %. Pendant cette période, la république est passée d'une économie agricole à une économie de production industrielle et de services. La dette du pays est faible, et le moteur de l'économie repose sur les exportations.

LES RESSOURCES NATIONALES

L'île de Taiwan est plutôt pauvre en ressources naturelles. On peut extraire de son sous-sol certaines quantités d'or, de cuivre, de pétrole, de charbon et de gaz naturel, mais en quantité insuffisante pour satisfaire les besoins du pays. L'économie de Taiwan repose sur les importations de matières premières et, une fois celles-ci transformées, sur les exportations. Cependant, le climat est propice à l'agriculture. La pêche de même que l'aquaculture sont des éléments importants de l'économie du pays.

Plusieurs experts du monde des affaires admettent que c'est la force ouvrière de Taiwan qui constitue sa plus grande richesse. Des programmes à long terme de formation technologique et scientifique ont permis au pays d'avoir accès à une main-d'œuvre hautement spécialisée. La promotion de la libre entreprise a également contribué à la naissance d'une masse importante d'entrepreneurs.

La flore variée de Taiwan confère à ce pays une grande beauté naturelle. Plus de 50 % de sa surface est recouverte de forêt, et on y retrouve quatre parcs nationaux couvrant 6,3 % de son territoire. De plus en plus de gens s'opposent ouvertement à la pollution, même si elle est souvent intimement liée à une plus grande prospérité.

LA SITUATION ÉCONOMIQUE

Au cours des 40 dernières années, la république de Taiwan est passée d'une économie primitive, disposant de peu de capitaux et d'expertise technique, à une économie avancée. La république est maintenant considérée comme un pays nouvellement industrialisé. **L'économie souterraine y est importante et représente plus de 100 % des revenus nationaux officiels.**

Une diminution du protectionnisme

Pendant longtemps, le protectionnisme a été de rigueur à Taiwan et les importations étaient étroitement contrôlées et soumises à des tarifs élevés. Depuis 1990, les États-Unis, partenaires commerciaux importants de Taiwan, ont exercé de fortes pressions pour une libéralisation de l'économie et un meilleur équilibre du commerce international.

FACTEURS DU DÉVELOPPEMENT SPECTACULAIRE DE TAIWAN

- La stabilité politique du pays nécessaire à la stabilité économique

- La mise en place de plusieurs plans économiques depuis 1953

- Des incitatifs fiscaux encourageant l'épargne et la formation de capitaux

- La promotion des exportations et des politiques de substitution des importations

- Le développement de la main-d'œuvre et l'usage intensif de la technologie de pointe

- Le travail acharné et le sens de l'unité de la population[2]

Les pièges du développement accéléré

L'économie de Taiwan a connu un taux de croissance annuel moyen de 9 % de 1983 à 1988, et celui-ci est estimé à 6,5 % pour les 10 années à venir. Le revenu annuel par habitant est passé de 145 dollars américains en 1951 à plus de 10 082 en 1992 (environ 13 000 dollars canadiens).

Un tel développement n'a pas que des avantages; au contraire, c'est la croissance économique qui a créé des problèmes aux dirigeants de Taiwan. Tous les secteurs de l'économie subissaient des pressions aux changements, et les infrastructures ne suffisaient plus à la demande.

167

Les exportations massives ont conduit à un protectionnisme international, à l'appréciation de la monnaie locale vis-à-vis du dollar américain et canadien, à des problèmes environnementaux et à une détérioration de l'ordre social. **L'appréciation de la monnaie et la hausse du coût de la main-d'œuvre représentent une menace pour Taiwan et peuvent lui faire perdre son avantage compétitif dans plusieurs secteurs industriels.**

Une économie dominée par les PME

Les petites et moyennes entreprises (PME) dominent l'économie de Taiwan. Les secteurs industriels les plus actifs sont l'électronique, les textiles, la transformation des aliments et la machinerie. De plus, un parc scientifique et électronique regroupe des entreprises à la fine pointe de la technologie, notamment en biologie et en informatique.

M. John Deng, du Board of Foreign Trade de Taiwan, estime que **90 % des entreprises sont des PME composées de 15 personnes et moins**, comparativement aux grandes entreprises coréennes orientées vers la production de masse. Les PME sont souvent des entreprises familiales, adjacentes aux résidences privées qui fabriquent des composantes pour d'autres entreprises ou qui font de l'assemblage. On ne voit pas de gros camions à Taiwan pour la simple raison que les entreprises locales produisent en petite quantité et que bien des entreprises se sont converties au système de gestion «juste-à-temps, zéro inventaire».

Les grandes entreprises

Les grandes entreprises se concentrent dans les secteurs du plastique, des textiles et de l'automobile (Honda, Toyota, Ford). Citons, par exemple, Nan Ya Plastics Corp. et Tatung Corp. La plupart des industries lourdes sont situées au sud de Taiwan, à Ko Chung.

Le gouvernement agit dans les secteurs clés, tels que l'énergie et les industries lourdes. Il existe 10 grandes entreprises d'État dans les domaines de l'énergie, des fertilisants, de l'acier, de la construction et du téléphone.

Il semble qu'actuellement Taiwan entre dans une phase de maturité, où le pays devra maintenir une croissance non inflationniste. Les investissements vont diminuer et, sans doute, plusieurs entremises partiront à la recherche d'une main-d'œuvre moins chère vers l'Asie du Sud-Est et la Chine, dans la province de Fujian.

LA STRATÉGIE ÉCONOMIQUE DU PAYS

Depuis les 40 dernières années, la stratégie du gouvernement de Taiwan a été de transformer le pays en une nation moderne et industrialisée avant la fin du XXe siècle. Le pays a renforcé ses infrastructures industrielles, a fait la promotion du secteur industriel stratégique et a procédé à l'implantation de parcs scientifiques.

Le Conseil de planification et de développement économique du pays a pour politique, d'ici l'an 2000, de stimuler les investissements locaux, d'investir davantage à l'étranger, d'accroître la production de biens faisant appel à la technologie de pointe et de réduire la dépendance vis-à-vis des exportations. Celles-ci représenteront malgré tout plus de 50 % du produit national brut (PNB) d'ici l'an 2000[3].

L'infrastructure de l'avenir

Quant à l'infrastructure à venir, **le Plan national de développement prévoit des investissements de 302 milliards de dollars américains** et comporte 779 projets. Parmi ceux-ci, notons la mise en œuvre de chemins de fer pour les trains à haute vitesse, la construction de réseaux de transport de masse dans la plupart des grandes villes, l'élargissement des autoroutes actuelles, la construction

169

d'usines pétrochimiques, la mise en place d'une quatrième centrale nucléaire et de vastes projets domiciliaires.

Le Plan national conçu par le premier ministre Hau projette de diviser l'île en 18 «cercles de vie» (*life circles*). Chacun d'eux doit comprendre un immense complexe industriel entouré de milieux de vie confortables devant inclure : un système de transport efficace, des résidences modernes, de nombreux stationnements, de l'eau potable, des écoles, des supermarchés, des installations médicales, des musées, des gymnases et des installations récréatives. Ce plan de six ans implique la construction de 900 000 nouveaux logements. Il y a place pour les entrepreneurs québécois dans la réalisation de ce plan.

Un stress environnemental

La grande densité de la population et le développement économique fulgurant ont provoqué un stress environnemental à Taiwan. Ainsi, les usines, qui sont la principale source de pollution, ont vu leur nombre s'accroître de 26 % entre 1986 et 1989. En un an, de 1988 à 1989, le nombre des motocyclettes est passé de 1 579 000 à 1 969 000, alors que celui des automobiles est passé de 6 811 000 à 7 619 000.

Dans le domaine du contrôle de la pollution, **Taiwan accuse un retard de 15 à 20 ans sur les pays développés.** En 1987, le gouvernement de Taiwan a promulgué son premier plan de politique environnementale. L'un des éléments clés de ce plan veut que l'environnement ait priorité en cas de conflit avec le développement économique.

L'État de Taiwan a créé un organisme gouvernemental, désigné sous le nom de Environment Protection Administration, chargé d'appliquer les lois et de trouver des solutions aux problèmes de l'environnement. **Une somme de 40 milliards de dollars américains sera dépensée par les secteurs publics et privés au cours des 10 prochaines**

années pour se conformer aux nouvelles exigences gouvernementales.

Le plan prévoit aussi la mise sur pied de nouveaux systèmes pour se débarrasser des ordures ménagères et des déchets industriels, la prévention et le traitement de la pollution de l'eau, la construction de systèmes d'égouts, la prévention et le traitement de l'air pollué, la formation du personnel et la constitution de centres d'inspection.

Tous ces projets représentent pour vous d'importantes occasions d'affaires dans les domaines du transport, des communications, de la protection de l'environnement et de la consultation en génie. D'ailleurs, le Québec détient une bonne expertise dans ces secteurs.

À l'heure actuelle, le gouvernement tend à octroyer de plus en plus d'incitatifs financiers pour la formation de la main-d'œuvre et les investissements en recherche et développement pouvant favoriser l'expansion d'industries à haute valeur ajoutée.

LE COMMERCE INTERNATIONAL ET LES INVESTISSEMENTS ÉTRANGERS

Taiwan est l'un des quatre petits dragons. Sa combativité lui a permis de devenir un géant de l'exportation avec des industries naines, la majorité de ses entreprises étant de petites entreprises familiales. Dans l'ensemble, les échanges commerciaux entre Taiwan et le Canada occupent une place peu importante.

Le commerce international

En 1992, Taiwan a exporté, sur le plan mondial, pour 81,5 milliards de dollars américains (ses principaux partenaires étant les États-Unis, Hong Kong et le Japon) et a

171

importé pour 72 milliards (ses principaux partenaires étant le Japon, les États-Unis et l'Allemagne).

En 1993, Taiwan a importé du Canada pour 997 millions de dollars canadiens, dont des huiles minérales, de la pulpe, du papier, des produits agricoles et alimentaires, de l'ingénierie de contrôle de la pollution, de l'équipement de transport et de télécommunication, et des produits de technologie de pointe. Au cours de la même période, Taiwan a exporté en direction du Canada pour 2618 millions de dollars canadiens. Il s'agit, entre autres, d'équipement mécanique et électrique, de véhicules, de chaussures, de jouets, d'équipement sportif, de plastiques et d'outils.

Un secteur important de fabrication à Taiwan est celui des semi-conducteurs, dont la production totale était estimée en 1989 à 38,7 milliards de dollars de Taiwan. La compétition dans ce secteur est de plus en plus serrée, principalement de la part de Hong Kong et de la Chine. Les textiles et la machinerie comptent aussi pour beaucoup.

Pour diminuer les risques d'une trop grande dépendance vis-à-vis des États-Unis en ce qui a trait aux exportations (32,4 % en 1990), le gouvernement de la RC a choisi de diversifier davantage la destination de ses exportations. Tout en atteignant cet objectif, cette politique permettra à Taiwan de profiter de nouvelles occasions dans d'autres parties du monde, telles que l'Asie du Sud-Est et l'Europe de l'Est.

Finalement, pour maintenir un bon rythme de croissance en commerce international, Taiwan devra diversifier davantage ses marchés internationaux, explorer de nouvelles avenues d'approvisionnement en matières premières et corriger le déséquilibre de sa balance de paiement avec ses partenaires commerciaux.

Les investissements étrangers

Par le passé, les investissements étrangers ont joué un rôle primordial dans le développement de l'économie de la RC. Pour attirer des capitaux étrangers, le gouvernement a toujours utilisé des incitatifs fiscaux généreux. Des lois ont également été promulguées de manière à permettre aux investisseurs étrangers de préserver le contrôle de leurs investissements et de leurs opérations.

QUELQUES FAITS SAILLANTS DE L'ÉCONOMIE DE TAIWAN

- Une croissance économique soutenue

- Des exportations massives de produits conduisant à une importante accumulation de devises étrangères

- Un faible taux d'inflation

- Une absence de déficit dans les finances publiques, peu de dettes obligataires et encore moins étrangères

- Un faible taux de chômage

- Un taux d'épargne exceptionnellement élevé

Entre 1952 et 1990, les investissements étrangers à Taiwan ont atteint 13,3 milliards de dollars américains. La majorité de ces fonds provenait des États-Unis et du Japon. Ils sont en grande partie investis dans les secteurs de l'électronique, des produits électriques, des produits chimiques et des services.

La Bourse de Taiwan peut devenir un véhicule d'investissement pour les étrangers. La Taiwan Stock Exchange (TAIEX), fondée en 1961, s'avère très active et très spéculative.

173

Son chiffre d'affaires journalier moyen est de l'ordre d'un milliard de dollars américains.

En contrepartie, les gens d'affaires de Taiwan, de même que le gouvernement, assurent une présence appréciable de leurs investissements à l'étranger puisque, entre 1952 et 1987, ils ont investi plus de 7,4 milliards de dollars américains. Pour la seule année 1989, ces investissements représentaient près d'un milliard de dollars américains. Les investissements de Taiwan à l'étranger font partie intégrante d'une stratégie d'engagement face à la mondialisation des marchés.

Des investissements dans les pays industrialisés peuvent permettre aux entreprises de la RC d'accéder à la technologie de pointe et d'avoir un pied-à-terre dans les marchés étrangers. En outre, dans les pays en voie de développement, comme c'est le cas notamment de bien des pays de l'Asie du Sud-Est, ces investissements peuvent permettre aux industries de Taiwan de bénéficier d'une main-d'œuvre bon marché. La république maintient également des liens étroits avec le Viêt-nam, pour lequel elle demeure le plus grand investisseur étranger. Ses investissements accumulés se chiffraient à 537 millions de dollars américains en 1991.

LA MAIN-D'ŒUVRE ET LE MANAGEMENT DE TOUS LES JOURS

Le secteur manufacturier est le domaine d'activité qui utilise le plus de main-d'œuvre, occupant 32 % des travailleurs (21,3 % sont dans les services, 19,7 %, dans le commerce et 12,8 %, dans l'agriculture, la foresterie et les pêcheries).

La main-d'œuvre

La qualité élevée des ressources humaines a été un facteur clé dans le succès économique de Taiwan. **Les ouvriers, le**

personnel de bureau et les cadres, faisant preuve de compétence, ont toujours démontré enthousiasme et acharnement au travail.

Cette richesse de la main-d'œuvre s'explique en grande partie par l'éthique traditionnelle chinoise et les efforts du gouvernement et des entreprises en matière de formation. L'éthique chinoise, comme l'éthique protestante, accorde une grande valeur aux efforts fournis au travail.

Nous retrouvons à Taiwan 21 universités et plus de 75 collèges. Plus de 100 000 diplômes de baccalauréat sont décernés chaque année, dont 40 000 dans le domaine des sciences et 24 000 dans la gestion des entreprises.

Même si les salaires des employés peuvent paraître plus élevés à Taiwan que dans certains autres pays d'Asie, il faut se rappeler que ces personnes ont un haut niveau de compétence et de productivité. De plus, les ouvriers de Taiwan travaillent de longues heures chaque jour et, la plupart du temps, six jours par semaine.

S'il est facile de recruter une main-d'œuvre hautement qualifiée à Taiwan, il est beaucoup plus difficile de trouver une main-d'œuvre non qualifiée. Le Dr Ta-Ho Lin, directeur de l'Institut économique de Taiwan, estime que la main-d'œuvre non qualifiée de Taiwan coûte cher, et il faut souvent recruter des travailleurs en provenance des Philippines ou de l'Asie du Sud-Est.

La solution à court terme consiste bien souvent à faire de la sous-traitance en Chine, en Thaïlande ou en Malaisie. La solution à long terme consisterait à mettre l'accent sur des produits à haute valeur ajoutée, obligeant ainsi les entreprises à faire davantage appel à une technologie plus perfectionnée et à une main-d'œuvre mieux formée.

Selon le Taiwan Council on Economic Planning and Development, l'île pourrait avoir un déficit de 120 000 travailleurs non qualifiés et semi-qualifiés d'ici 1996. Bien des entreprises seront touchées par cette pénurie de main-d'œuvre, dont les industries du textile, de la pêche, du cuir et de l'assemblage électronique. Elles devront sans doute avoir recours à une main-d'œuvre illégale en provenance de la Thaïlande et des Philippines[4].

Les travailleurs formosans sont soumis à la *Labor Law Regulation (LLR)*, qui légifère en matière de conditions de travail. Le syndicalisme est présent, mais peu efficace. Plus de 40 % de la main-d'œuvre est syndiquée, mais les syndicats ont peu d'influence et de pouvoir. Il existerait, en contrepartie, des syndicats souterrains pour combler cette lacune.

Il existe des politiques de bien-être social à Taiwan, et des prestations sont versées essentiellement aux personnes handicapées et âgées. Le Dr Sun Yat-sen envisageait une société pouvant stimuler et récompenser l'initiative individuelle, et un gouvernement pouvant procurer un bien-être social là où le secteur privé n'y arriverait pas : un système qui combinait le mieux capitalisme et socialisme.

À Taiwan, la formation est une priorité nationale. Selon les dirigeants du pays, celle-ci permettra d'atteindre pleinement la démocratie, d'accroître la prospérité économique de même que le bien-être des citoyens. Il semblerait cependant qu'un nombre assez important d'entreprises ne mettent pas à jour la formation de leurs employés, ce qui leur permettrait d'accroître leur productivité. Ce secteur d'activité pourrait devenir un créneau intéressant pour des entreprises québécoises œuvrant en formation.

Le management de tous les jours

L'industrie est dominée par de petites entreprises. Le style de gestion de type tayloriste (qui privilégie la hiérarchie, les normes et la rigidité), propre aux grandes entreprises, est donc absent dans ces organisations. Les petites entreprises de Taiwan (comme ailleurs) sont caractérisées par la flexibilité et une structure peu élaborée.

Les seuls services qui ont du poids sont la recherche et le développement, la production et le marketing. Même si ces services sont importants, ils ne sont pas facilement identifiables pour autant. Dans la réalité quotidienne, les travailleurs ne vivent pas cloisonnés et forment une seule équipe. Ces services ne sont pas hermétiques, ils se confondent souvent, et les rôles ne sont pas clairement définis.

Étonnamment, on retrouve souvent, au niveau de la production, la cohabitation d'une technologie désuète et d'une technologie perfectionnée. **Il existe également deux types de gestion : les modes de gestion moderne, avec des concepts comme la qualité totale, et les croyances anciennes.** Comme l'indique M. François Mong, du Canadian Trade Office in Taipei, la superstition et l'intuition l'emportent parfois sur la rationalité économique. Par exemple, la date et l'heure doivent être propices au moment d'ouvrir une nouvelle boutique ou de démarrer un nouveau projet. De même en est-il des bureaux, dont la disposition doit être orientée d'une manière bien précise.

La recherche et le développement ont joué un rôle important dans le développement économique de l'île, grâce au dynamisme des entrepreneurs et à l'intervention du gouvernement. Au pays, 40 % de la recherche et du développement sont effectués par le secteur privé et 60 % par le gouvernement. C'est l'Industrial Technology Research Institute (ITRI) qui, à l'occasion, mène à terme des projets de recherche et développement pour le compte de petites et moyennes entreprises qui ne peuvent pas se payer des experts en permanence. L'ITRI emploie près de 8000 personnes et œuvre dans des projets à long terme de recherche et développement, de promotion, d'implantation de technologies de production nouvelles et de marketing (afin d'aider à trouver de nouveaux débouchés).

Les réseaux de transport

Le système routier, quoique assez récent, s'avère nettement insuffisant. Le développement économique trop rapide de Taiwan a engendré la congestion du système de transport, et la densité du trafic urbain provoque des difficultés importantes, plus particulièrement à Taipei. La surpopulation des grandes villes a également nui au contrôle de la pollution, des égouts et de la gestion des ordures. Cette petite île d'une population de 20,7 millions d'habitants est littéralement envahie par 2 millions de véhicules automobiles, 6 millions de vélomoteurs et 8 millions d'usines.

L'infrastructure accuse un retard sur la croissance économique, et d'importants travaux doivent être entrepris si Taiwan ne veut pas suffoquer de son propre succès. Les domaines d'amélioration touchent la capacité hydro-électrique et thermoélectrique, les routes, les chemins de fer, la télécommunication et le transport de masse. Par ailleurs, sans compter l'insuffisance des installations culturelles et récréatives, on constate une hausse sensible de la criminalité.

Pour améliorer son infrastructure, le pays aura nécessairement besoin d'expertises étrangères. Le plan national de développement de six ans (1991-1996) devrait permettre d'apporter des solutions concrètes à certaines de ces difficultés.

INVESTIR À TAIWAN : LES RENSEIGNEMENTS DE BASE

Avec une population de 20,7 millions d'habitants et un revenu annuel par habitant de 10 082 dollars américains en 1992, revenu en croissance de plus de 7 % au cours des dernières années, les Formosans représentent un réservoir non négligeable d'acheteurs de produits de base courants et de produits de luxe.

Le revenu national a augmenté de 23 fois au cours de 1968 à 1987, permettant de créer une nouvelle richesse. De nouveaux besoins doivent par conséquent être satisfaits par les entreprises locales et les corporations étrangères possédant une succursale à Taiwan. Le marché est sous-développé; beaucoup d'occasions d'affaires ne sont pas exploitées. Les gens d'affaires québécois devraient en tenir compte.

Les secteurs et les régions d'affaires

Les secteurs du blé, du maïs, du coton, du cuir et du bois sont toujours en très forte demande à Taiwan. En outre, de plus en plus d'occasions s'offrent pour les produits électroniques, les pièces de machinerie, l'équipement d'automatisation des usines, les instruments de mesure et de contrôle, l'équipement de contrôle de la pollution, l'équipement médical ainsi que les produits de consommation, tels que les automobiles, les appareils électriques et la haute couture[5].

Parmi les produits québécois et canadiens les plus en demande à Taiwan, mis à part les matières premières, retenons ceux des secteurs de la télécommunication, du transport, de la technologie de contrôle de la pollution et des services financiers (notamment les assurances sur les risques personnels et d'affaires). Il est étonnant de constater que **les Formosans sont les citoyens les plus sous-assurés du monde industrialisé.**

179

LES SECTEURS CONSIDÉRÉS COMME STRATÉGIQUES À TAIWAN

- Technologie de l'information
- Technologie des logiciels informatisés
- Télécommunication
- Optoélectronique
- Produits électroniques de consommation
- Fabrication de semi-conducteurs
- Machinerie de précision et d'automatisation
- Aérospatiale
- Produits pour les soins médicaux
- Matériaux avancés et leurs applications
- Produits chimiques et pharmaceutiques
- Biotechnologie
- Développement des ressources minérales
- Utilisation de l'énergie
- Protection de l'environnement

LES SECTEURS OÙ LES INVESTISSEMENTS ÉTRANGERS SONT ENCOURAGÉS

- Fabrication de machinerie, dont les machines-outils de précision, les pièces d'automobiles, les robots industriels et l'équipement automatisé

- Industrie de l'électronique et de l'information, dont l'équipement de télécommunication

- Produits chimiques (notamment les produits pharmaceutiques, comme les catalyseurs et les stabilisateurs)

- Services techniques, dont l'assistance technique en construction, le design et l'ingénierie

- Technologie de pointe et investissements de capitaux importants, production à haute valeur ajoutée et production à efficience énergétique

Quelques conseils pratiques

Si vous voulez vous installer à Taiwan, vous y trouverez facilement une bonne infrastructure d'affaires, les services financiers que vous souhaitez, de même que des agents commerciaux pouvant vous servir d'intermédiaires dans vos transactions.

Importer des produits étrangers est devenu une tâche de plus en plus facile à Taiwan. Le gouvernement classifie les importations en catégories contrôlées et en catégories permises. De manière à libéraliser de plus en plus les échanges, le gouvernement a réduit considérablement le nombre de biens assujettis à des contrôles et a augmenté le nombre de ceux qui pouvaient être importés librement. Sur les 9011 unités faisant partie du système mondial harmonisé, seulement 241 sont contrôlées et près de 67 % peuvent être importées sans aucun permis.

181

Taiwan applique sensiblement la même classification aux exportations. Seulement 104 produits appartiennent à la catégorie des unités contrôlées. Des 9011 produits, 6301 ne nécessitent aucun permis, mais 2710 produits sont contrôlés par le Board of Foreign Trade. Cette libéralisation entraîne nécessairement une diminution de la paperasse et du temps nécessaire pour conclure des transactions.

Avant d'investir à Taiwan, vous devez obtenir l'autorisation de l'Investment Commission of the Ministry of Economic Affairs (ICMEA). Une fois que vous avez rempli le formulaire requis, une réponse peut être obtenue en moins de deux mois.

PRIVILÈGES AUX INVESTISSEURS ÉTRANGERS

- Rapatriement du capital et des profits en devises étrangères
- Exemption d'expropriation pour une durée de 20 ans
- Réduction d'impôt de 20 % sur les dividendes reçus par les investisseurs étrangers
- Possibilité de propriété à 100 % des investisseurs étrangers
- Traitement et protection similaires à une entreprise locale

Le China External Trade Development Council (CETRA) peut tenter de faire un appariement avec un partenaire local. Cet organisme effectue, à la demande des gens d'affaires, un croisement à l'aide d'une liste informatisée des biens à importer (il y a 800 importateurs).

Selon certaines conditions, vous pouvez obtenir de l'aide auprès de l'Industrial Development and Investment Center (IDIC) du ministère des Affaires économiques. Le mandat de cet organisme est d'encourager les investissements étrangers et de fournir des conseils de départ, tout en effectuant un suivi des affaires des nouveaux investisseurs étrangers. L'IDIC planifie également des rencontres avec des investisseurs étrangers recherchant des partenaires formosans.

Vous devriez participer à des foires commerciales afin de faire la promotion de vos produits. Le Taipei World Trade Center (TWTC) est l'endroit par excellence pour participer à une foire régionale. Le TWTC dispose d'un centre d'exposition de 163 000 m² sur sept étages à l'intérieur d'un édifice ultramoderne. Chaque année, le TWTC présente plusieurs foires internationales, dont le Taipei International Electronics Show, en plus de maintenir en permanence près de 900 salles de démonstration. C'est la foire électronique la plus importante d'Asie.

RENSEIGNEMENTS DE BASE

- Croissance importante de l'économie au cours des dernières décennies

- Secteurs d'affaires variés

- Nombreuses occasions d'affaires

- Peu de bureaucratie au sujet des importations et des exportations

- Privilèges accordés aux investisseurs étrangers

- Présence de plusieurs organismes d'aide aux étrangers

TAIWAN : UN MODÈLE D'EFFICACITÉ GRÂCE AUX PME

Les données économiques sur Taiwan sont généralement enviables. La république a connu une croissance soutenue de son produit national brut. L'inflation s'est maintenue à

183

un taux relativement faible. Le chômage est quasi inexistant depuis quelques années et était de 1,4 % en 1992. Enfin, la balance des paiements est généralement excédentaire (voir le tableau 4.1).

TABLEAU 4.1 INDICATEURS ÉCONOMIQUES : TAIWAN

Produit national brut (1992)	208,7 milliards $ US
Croissance du PIB (1993)	6,0 %
PNB par habitant (1992)	10 082 $ US
Inflation (1993)	2,9 %
Chômage (1992)	1,4 %
Exportations (1992)	81,5 milliards $ US
Importations (1992)	72,1 milliards $ US

(Source : Banque Royale du Canada, *Economic Trends and Policies*, Mars 1994.)

Par ailleurs, la monnaie a pris beaucoup de valeur et le coût de la main-d'œuvre augmente continuellement. D'où l'importance pour le pays de s'orienter vers des produits à haute valeur ajoutée.

Taiwan fabrique de plus en plus de produits avancés techniquement. Par contre, les entreprises n'ont pas toujours la capacité de concevoir des manuels d'instructions en anglais pour les rendre compréhensibles et utilisables. Il faut penser que cette situation sera de moins en moins tolérée par les clients étrangers.

Comme partout ailleurs, des décisions d'investissement ont leurs aspects positifs et leurs côtés négatifs, et c'est aussi le cas de Taiwan; les plus importants aspects négatifs sont la pollution de l'environnement et une infrastructure routière inadéquate.

LES ASPECTS POSITIFS À PROPOS DE TAIWAN

- Accroissement des exportations de machinerie et de produits électroniques
- Ouverture des portes aux investissements étrangers
- Réserve de devises étrangères de plus de 70 milliards $ US
- Accroissement des échanges avec la Chine communiste
- Bonne infrastructure, dont des zones de traitement des exportations
- Main-d'œuvre hautement motivée et qualifiée
- Investissements massifs dans l'infrastructure

LES ASPECTS NÉGATIFS À PROPOS DE TAIWAN

- Infrastructure routière inadéquate
- Pollution de l'environnement
- Diminution des exportations, les secteurs les plus touchés étant les vêtements et les chaussures (Cette diminution est causée principalement par la baisse de la demande américaine et par le fait que plusieurs entreprises nécessitant beaucoup de travailleurs se sont déplacées vers des pays à main-d'œuvre bon marché.)

CONCLUSION

Taiwan a connu une croissance soutenue au cours des dernières décennies, et ce, malgré l'absence de richesses naturelles. Cette croissance du pays est principalement due à sa stabilité politique, au dynamisme de ses PME, qui com-

185

posent la grande majorité du secteur industriel, à une main-d'œuvre hautement qualifiée, à une croissance soutenue de la compétitivité de ses entreprises et à des taux d'épargne élevés. La croissance économique du pays a conduit à une hausse remarquable du niveau de vie de la population et a permis à la république de devenir non seulement un pays nouvellement industrialisé, mais également un marché rempli d'occasions pour les dirigeants de PME québécoises.

Les politiques gouvernementales ont été efficaces et ont permis d'aider le pays à satisfaire ses besoins de développement. **Taiwan est actuellement reconnue partout dans le monde comme un endroit par excellence pour y effectuer des affaires internationales.**

Comme environnement d'affaires, la république se situe au cinquième rang après la Suisse, le Japon, Singapour et l'Allemagne. Ce classement est mesuré en considération des risques politiques, de la qualité des relations ouvrières, des contraintes bureaucratiques, des infrastructures, des attitudes envers les investisseurs étrangers et des facteurs économiques.

Parmi les facteurs favorisant Taiwan comme endroit privilégié pour y conduire des affaires, notons : l'expansion des échanges commerciaux de la Chine, qui devraient continuer de progresser, la capacité des dirigeants du pays à contrôler l'inflation, la présence de l'une des plus grandes réserves de devises étrangères au monde et un climat politique favorisant les investissements étrangers et les transferts technologiques. Taiwan regorge de possibilités de toutes sortes, autant en ce qui concerne l'importation au Canada de produits de qualité et à bon prix, que l'exportation de produits québécois et canadiens.

NOTES

1. GOVERNMENT INFORMATION OFFICE, *A Brief Introduction to the Republic of China*, Taipei, septembre 1990, pp. 57-58.

2. REPUBLIC OF CHINA, *Facts and Figures: The Republic of China on Taiwan*, Kwang Hwa Publishing Company, Taipei, ROC, 1990, p. 52.

3. EXECUTIVE YUAN, COUNCIL FOR ECONOMIC PLANNING AND DEVELOPMENT, *The Six-Year National Development Plan for Taiwan, Republic of China (1991-1996)*, Taiwan, janvier 1991, p. 4.

4. «Taiwan's Labour Shortages», *Canada-Taiwan Business Review*, vol. 5, n° 2, juin 1991, p. 7.

5. CETRA, «What you can Sell to Taiwan ROC», Taipei, juin 1991.

CHAPITRE 5

LA RÉPUBLIQUE DE SINGAPOUR : LA PROSPÉRITÉ DANS L'ORDRE

Lorsque vous débarquerez à Singapour pour la première fois, vous serez étonné par la propreté et l'ordre qui règnent partout dans la république, autant dans les rues que dans les marchés publics. Ce souci de l'ordre se constate aussi sur les plans social, politique et économique.

La République de Singapour connaît un brillant essor économique et est considérée comme un pays prospère. Son économie est stable et son rythme de croissance ne semble pas vouloir s'essouffler. C'est un endroit propice pour investir et un centre idéal pour le siège d'une entreprise mondiale (*Global Business Centre*).

Voici quelques pages d'histoire de Singapour de même que quelques notions sur sa géographie et sa politique, quelques-unes des formalités propres au pays et certains renseignements sur la façon d'y traiter des affaires.

QUELQUES PAGES D'HISTOIRE DE SINGAPOUR

L'existence de Singapour date de plusieurs siècles, mais trois époques retiennent principalement l'attention : celle de la «Cité du lion», la colonisation britannique et, enfin, son accession vers une démocratie parlementaire indépendante.

LA «CITÉ DU LION»

Des écrits chinois datant du IIIe siècle ap. J.-C. désignaient Singapour comme «l'île à la pointe de la péninsule». À la fin du XIVe siècle, on l'appelait communément *Singapura* qui, en sanskrit (langue classique de l'Inde ancienne), signifie la «Cité du lion».

Au début du XVe siècle, l'île était un État vassal de la Thaïlande jusqu'à ce que le sultanat de Malacca étende son autorité sur elle. Les Portugais ont ensuite saisi Malacca en 1511. **Au début du XIXe siècle, ce sont les Britanniques qui ont fait de l'île un centre de ravitaillement, alors qu'ils souhaitaient accroître leur hégémonie en Inde et profiter de l'essor de leur commerce avec la Chine, qui prospérait d'une façon significative.**

UNE COLONIE BRITANNIQUE

Afin d'assurer la sécurité maritime aux navires qui faisaient le commerce entre la Chine et la Grande-Bretagne, sir Thomas Raffles fonda Singapour en 1819. Notons que la République de Singapour a été occupée par les Japonais de 1942 à 1945.

UNE DÉMOCRATIE PARLEMENTAIRE INDÉPENDANTE

Devenue une colonie britannique en 1946, Singapour devint l'un des 14 États de la Fédération de la Malaisie à partir de 1963. Le pays se transforma en une république indépendante le 9 août 1965 après s'être retiré de la fédération.

QUELQUES NOTIONS DE GÉOGRAPHIE

Singapour est l'un des quatre petits dragons avec Taiwan, la Corée du Sud et Hong Kong. C'est un pays de petite dimension. Voici quelques éléments de son milieu naturel et humain.

LE MILIEU NATUREL

La République de Singapour est située en Asie du Sud-Est, à l'extrémité sud de la péninsule de la Malaisie. Elle comprend l'île de Singapour et 54 îlots, dont un bon nombre sont devenus des centres de raffinage de firmes multinationales.

L'île mesure 42 km d'est en ouest et 23 km du nord au sud pour une superficie totale de 630 km². D'une hauteur de 165 mètres au-dessus du niveau de la mer, Bukit Timah est la colline la plus élevée. Sur ses flancs sud et est, Singapour borde l'Indonésie. Au nord, la République est reliée à la Malaisie par un viaduc traversant le détroit de Johore.

L'île de Singapour est verdoyante et d'une propreté remarquable, que ce soit à l'intérieur ou à l'extérieur des zones urbaines. Près de 50 % du territoire est utilisé à des fins urbaines (résidences, commerce et industries) et 5 % à des fins agricoles. Le gouvernement de Singapour a eu la sagesse de préserver le charme de l'île de Sentosa et d'en faire un centre récréatif et de conférence. L'île de Sentosa est reliée à Singapour par un funiculaire à partir du mont Faber.

LE MILIEU HUMAIN

La population de la République de Singapour est estimée à 2,8 millions (1992). Elle est formée d'une forte majorité de Chinois (76 %). Les groupes minoritaires sont constitués de Malais (15 %), d'Indiens (7 %) et de diverses autres ethnies. Le pays est multiracial, et la tolérance est totale envers toutes les religions.

Environ 32 % de la population de Singapour a moins de 20 ans. Le gouvernement favorise les familles de plus de trois enfants par l'entremise d'incitatifs fiscaux. Le taux d'alphabétisation est de 90 %.

La cellule familiale est le noyau de base de l'institution sociale et sert en même temps d'outil à la stabilité sociale. Le gouvernement a pris des mesures permettant d'institutionnaliser le mariage, qui ne peut plus être contracté uniquement selon des coutumes rituelles. Les cérémonies traditionnelles peuvent cependant se dérouler après l'enregistrement du mariage civil.

Un autre outil de stabilité sociale est le Central Provident Fund (CPF), un plan d'épargne obligatoire. L'employeur et l'employé doivent y contribuer, et les fonds accumulés servent de fonds de retraite et permettent d'acquérir un appartement.

Il est remarquable de noter que très peu de personnes bénéficient de la sécurité sociale dans la République de Singapour. En 1988, par exemple, moins de 3000 personnes recevaient des allocations d'assistance sociale sur une population de 2,8 millions d'habitants. D'ailleurs, seuls les personnes âgées, les malades chroniques et les personnes handicapées peuvent en bénéficier. Le gouvernement de Singapour tient à maintenir une politique qui encourage le travail et l'autosuffisance.

LE CLIMAT

Le climat de Singapour est tropical avec des températures moyennes de 31 °C le jour et de 24 °C la nuit. La chaleur et l'humidité sont modérées par une brise de mer.

Singapour

Il n'y a pas vraiment de saison des pluies, les précipitations s'échelonnant sur toute l'année. Singapour n'est pas exposée aux typhons, aux raz-de-marée et aux tremblements de terre. Il est recommandé d'avoir un parapluie à la portée de la main de novembre à février.

La République de **Singapour est un État de petite dimension situé à un carrefour stratégique de l'Asie du Sud-Est**. Sa faible population est composée d'une variété d'ethnies, et la tolérance interraciale y est un aspect important de la vie sociale. Cette tolérance est d'ailleurs renforcée par un certain nombre de politiques gouvernementales.

LA POLITIQUE À SINGAPOUR

La situation politique est un facteur décisionnel critique pour les gens d'affaires souhaitant établir des relations commerciales dans un pays étranger. Voici quelques particularités sur celle de Singapour.

LE SYSTÈME POLITIQUE

L'investisseur étranger sera sans doute séduit par la stabilité politique de la République de Singapour. Démocratie parlementaire indépendante au sein du Commonwealth, Singapour laisse tout le pouvoir exécutif entre les mains du premier ministre. Le gouvernement élu peut demeurer au pouvoir pendant cinq ans avant de déclencher de nouvelles élections.

Le People's Action Party (PAP) est au pouvoir depuis 1959. Ce parti a réussi à stabiliser les relations de travail dans tout le pays et à transformer les bidonvilles de l'île en des agglomérations dotées des plus hauts standards de vie de toute l'Asie. Cette transformation du pays a été réalisée grâce à une politique économique pragmatique et à des incitatifs financiers attrayants qui ont encouragé les investissements étrangers.

Le 28 novembre 1990, Lee Kuan Yew, premier ministre depuis l'indépendance en 1965, a cédé sa place à Goh Chok Tong. M. Goh est perçu par la population comme moins autoritaire que son prédécesseur, et son style de leadership est davantage axé sur la consultation. Neuf mois seulement après sa nomination en tant que premier ministre, M. Goh cherchait, par une élection, à faire endosser par la population son style de gouvernement consultatif et ouvert[1].

Bénéficiant de l'appui de la population, la direction du pays est confiée à de jeunes technocrates compétents. La nouvelle génération, qui bénéficie d'une excellente éducation, est de plus en plus critique et accepte de moins en moins, sans les remettre en question, les politiques des anciens dirigeants du PAP. M. Goh devra tenir compte de ces facteurs et peut-être diminuer les contrôles en relâchant, par exemple, les lois sur la censure.

Le premier ministre souhaite faire de Singapour un pays plus libre (mais vraisemblablement jamais aussi libre que Hong Kong) de manière à promouvoir un environnement d'investissement libéral. Les observateurs de la scène économique internationale s'attendent à une déréglementation des secteurs bancaires et financiers.

LES RELATIONS INTERNATIONALES

Sur le plan international, le gouvernement de Singapour pratique une politique de libre-échange et de non-alignement. **Son attitude dans ses relations internationales est carrément pro-occidentale. Singapour et le Canada ont des liens communs et tous deux sont membres du Commonwealth.**

Singapour s'est fait le promoteur de l'Association des nations de l'Asie du Sud-Est (ANASE), en anglais *Association of Southeast Asian Nations* (ASEAN), fondée en 1967, qu'on surnomme également le Triangle de la croissance (*Triangle of Growth*). Cette association est composée du Brunéi, de l'Indonésie, de la Malaisie, des Philippines, de Singapour et de la Thaïlande. Il s'agit d'un organisme de même nature que l'Organisation des États américains (*Organization of American States*, OAS) qui a regroupé une trentaine de pays d'Amérique depuis sa fondation en 1948.

Le Triangle de la croissance a pour but de promouvoir les investissements dans des projets utilisant des ressources complémentaires : les capitaux et l'expertise de Singapour, la main-d'œuvre qualifiée et l'infrastructure du Johore, ainsi que l'abondance de la main-d'œuvre et du terrain de l'Indonésie. La philosophie des membres de l'ANASE pourrait se résumer ainsi : «Nous pouvons développer nos économies à un plus grand rythme si nous élargissons la dimension de notre coopération économique.»

Pour sa part, la Malaisie désire attirer des investissements étrangers en offrant des incitatifs intéressants dans la région. Il existe d'ailleurs beaucoup de compétition dans la région de l'Asie du Sud-Est pour courtiser les investisseurs étrangers.

LES FORMALITÉS ET AUTRES CONSIDÉRATIONS PRATIQUES

L'accès à Singapour est relativement facile, comme vous pourrez le constater en examinant les aspects pratiques suivants.

LE VISA ET LE FUSEAU HORAIRE

Un passeport valide est nécessaire pour entrer à Singapour. Comme la République est membre du Commonwealth, aucun visa n'est requis pour les Canadiens visitant le pays. À l'arrivée à Singapour, un permis de séjour de deux semaines est octroyé et peut être facilement renouvelé.

La République de Singapour a une avance de 13 heures sur l'heure normale de l'est du Canada.

LA MONNAIE ET LES BANQUES

La monnaie du pays est le dollar de Singapour. À la fin de juillet 1994, le dollar canadien équivalait pratiquement au dollar de Singapour, puisque 1 $ CAN valait 1,03 $ SIN. La plupart des cartes de crédit sont acceptées.

LE COÛT DE LA VIE

Les conditions de vie à Singapour comptent parmi les meilleures de toute l'Asie. Vous y retrouverez de nombreux commerces pour le magasinage, et le réseau récréatif vous offre une panoplie d'activités.

De plus, il existe une gamme importante d'hôtels de classe internationale à des prix raisonnables. Il est également possible d'y trouver une cuisine européenne en plus de la cuisine malaise, chinoise, indienne et indonésienne.

Les pourboires ne font pas partie des coutumes. Ils sont même découragés à l'aéroport, dans les hôtels et les restaurants, où des frais de service de 10 % sont ajoutés à la facture, tout comme à Taiwan.

Si le visiteur étranger peut profiter de chambres et de repas à des prix abordables, il en est autrement du cadre étranger qui doit y résider. Ainsi, selon les propos de M. Bernard A. Gagosx, haut-commissaire du Canada à Singapour : **«Singapour est un endroit qui coûte cher pour faire des affaires.»**

Les produits alimentaires doivent être importés et les taxes sur les cigarettes, l'alcool et les automobiles sont élevées. Le coût mensuel d'un appartement de classe moyenne se situe à environ 6 500 dollars canadiens, alors que celui de plus haute gamme varie entre 10 000 et 15 000 dollars canadiens. À cela, s'ajoutent près de 500 dollars canadiens par mois en frais d'électricité en raison de la nécessité de climatiser les appartements.

Mme Terry K. Gillies, directrice exécutive de la Canada Singapore Business Association, estime qu'il y a environ 50 000 bonnes en provenance des Philippines travaillant à Singapour. Pour avoir une bonne, on doit lui verser un salaire et lui prévoir des quartiers particuliers.

Si les frais de logement sont élevés pour les gens d'affaires étrangers, ce n'est pas le cas pour les habitants de Singapour. En effet, d'après Jim A. Feir, du Haut-Commissariat de Singapour, le Housing Development Board (HDB) construit et revend à la population des logements à des prix compétitifs. D'après M. Feir, 85 % de la population habite dans des logements construits par cette agence. Ces logements sont confortables et propres, la criminalité y est faible et les occupants y vivent sans hostilité.

M. Poh Choon Lay, de l'Economic Development Board of Singapore (EDBS), est conscient du coût élevé de la vie au pays. C'est ce qui explique, selon lui, la politique du gouvernement qui veut attirer des entreprises faisant appel à une main-d'œuvre qualifiée et pouvant absorber le coût élevé de la vie de Singapour.

LE TRANSPORT URBAIN

Le transport urbain est efficace. La capital dispose d'un métro souterrain qui circule dans les directions nord-sud et est-ouest. Le service d'autobus est excellent, et les nombreux taxis sont abordables.

LA LANGUE

On retrouve à Singapour quatre langues officielles : le malais, l'anglais, le chinois et le tamoul. Le malais est la langue nationale, et l'anglais est utilisé par le gouvernement et les gens d'affaires. **Tous les habitants de Singapour parlent anglais. Singapour est sans aucun doute le pays où il est le plus facile de communiquer avec les gens, que ce soit par écrit ou oralement.**

LA SANTÉ ET LA CRIMINALITÉ

Le système médical, tant privé que public, est d'une grande qualité à Singapour. Les organismes médicaux d'État sont actuellement en restructuration de manière à devenir plus autonomes et à répondre plus efficacement aux besoins des patients.

Singapour est une nation paisible, où l'on respecte énormément les lois. Selon Bernard A. Gagosx, Singapour est un endroit où l'on se sent en sécurité et où la criminalité est faible. Le touriste peut circuler le jour et la nuit en toute quiétude dans la capitale et ailleurs, comme en Chine.

Si dans la plupart des sociétés, la croissance économique engendre parfois un climat de violence causé, entre autres, par le commerce de la drogue, comme c'est le cas à Taipei et à Hong Kong, la situation est inverse à Singapour. **La sévérité des lois a permis de contenir la criminalité.** Ainsi, la possession de plus de 30 grammes de cocaïne à des fins de trafic entraîne automatiquement la peine de mort.

QUELQUES CONSIDÉRATIONS PRATIQUES

- Un passeport valide est nécessaire
- 1 $ CAN valait 1,03 $ SIN en juillet 1994
- Il existe une gamme importante d'hôtels à prix raisonnable
- La cuisine est variée et de qualité
- Le transport urbain est efficace
- La criminalité est faible, et on se sent en sécurité partout à Singapour

FAIRE DES AFFAIRES À SINGAPOUR

Le développement accéléré de Singapour s'est fait par la mise en place de politiques libérales en ce qui concerne les échanges internationaux et grâce au dynamisme des PME. C'est pour ces raisons que la direction du pays continue à promouvoir une politique qui lui a valu tant de succès. Vous verrez dans les lignes qui suivent que Singapour offre une excellente infrastructure et de nombreuses occasions d'affaires.

Voici quelques aspects touchant les ressources nationales du pays, sa situation économique, sa stratégie économique, son commerce international et ses investissements étrangers, ainsi que sa main-d'œuvre et son réseau de transport.

LES RESSOURCES NATIONALES

La République de Singapour est pratiquement dépourvue de ressources naturelles, si ce n'est son port en eau profonde, le deuxième au monde du point de vue volume. En revanche, **sa main-d'œuvre est compétente, bien formée**

**et dynamique, et le pays est situé à un carrefour straté-
gique de l'Asie.** Le niveau de vie de la population est le
deuxième de toute l'Asie après celui du Japon.

Une infrastructure hors pair

Singapour a développé au cours des dernières décennies
une excellente infrastructure, qui en fait un lieu d'exploitation privilégié pour les entreprises, et a adopté des pratiques
commerciales essentiellement libérales. Son aéroport, son
port de mer, son réseau routier et son réseau de communication peuvent faire l'envie de bien des pays occidentaux.

En plus de son infrastructure efficace, Singapour est le
troisième centre mondial de raffinage du pétrole après la
côte du Golfe américain et Rotterdam. **L'industrie du raffinage de Singapour est bien connue pour son sens de
l'entrepreneurship et sa compétence technique.**

Centre important de services financiers

**Singapour est un centre financier renommé et un mi-
lieu d'investissement jouissant d'une excellente
réputation mondiale.** C'est un important centre de services bancaires, de commerce, d'assurances, et plusieurs
entreprises multinationales y ont installé leurs sièges sociaux. Mme Terry K. Gillies estime que Singapour agit à
titre de «capitale de roulement» et que, par exemple, ce qui
est importé du Canada à Singapour est en grande partie
réexporté dans d'autres pays d'Asie.

LA SITUATION ÉCONOMIQUE

La politique économique à long terme du gouvernement de
Singapour s'oriente vers la diversification. Le secteur industriel du pays est axé vers l'exportation. Avec un faible marché
intérieur, Singapour n'a guère le choix et doit nécessaire-

ment appuyer son développement économique sur les exportations.

Attirer les capitaux étrangers

La politique économique du pays est de chercher à attirer les capitaux étrangers par des incitatifs fiscaux et de maintenir une économie la plus libre possible. L'économie de Singapour ne comporte presque pas de barrières tarifaires, sauf pour les cigarettes, l'alcool et les automobiles. De plus, **il n'existe à peu près aucune restriction quant à la propriété d'entreprises et au recrutement d'expertise étrangère.** La liberté est également quasi totale en ce qui concerne l'importation de capital et le rapatriement des profits.

Peu de bureaucratie

En plus d'une importante liberté commerciale, **la bureaucratie est réduite au minimum de manière à permettre aux entreprises d'accroître leur marge de manoeuvre.** Pour réduire la bureaucratie et favoriser une plus grande efficacité du commerce, le Trade Development Board (TDB) s'est fixé pour objectif d'éliminer complètement le traitement manuel des documents d'affaires pour le remplacer par un système de documentation électronique[2]. Aujourd'hui, la bureaucratie est efficace à Singapour, et les demandes des investisseurs sont approuvées en moins de six semaines.

Incitatifs fiscaux

Le budget du gouvernement comporte des incitatifs pour les activités commerciales internationales et l'établissement de centres financiers à Singapour. Il existe aussi bien d'autres incitatifs financiers.

LES SECTEURS ENCOURAGÉS PAR DES INCITATIFS FISCAUX

- Industries faisant œuvre de pionnier
- Expansion d'entreprises déjà existantes
- Exportation
- Allocation d'investissement
- Activités d'entreposage
- Consultation internationale
- Assistance au développement de produits
- Entreprises de nouvelles technologies
- Administration de sièges sociaux[3]

L'économie de Singapour est dominée par de grandes entreprises, même si plus de 90 % des entreprises sont des PME. Tout comme Hong Kong, Singapour sert d'entrepôt pour le commerce et la redistribution de biens en Malaisie et en Indonésie.

Singapour est le premier centre de raffinage et d'entreposage de pétrole de la région Asie-Pacifique. Le secteur pétrolier est actif maintenant dans tous les secteurs de l'industrie, qu'il s'agisse du génie, de l'exploration, de la construction d'installations pétrolifères (plates-formes), de l'entreposage de pétrole brut et raffiné, de marketing et de distribution. On surnomme d'ailleurs Singapour «le Houston de l'Asie».

Le pétrole brut qui arrive à Singapour provient du Golfe et des régions avoisinantes (Indonésie, Malaisie, Chine et Bornéo). Les commerçants de pétrole du Koweit à Hawaï y

203

ont ouvert des centres de commercialisation pour effectuer leurs activités de marketing et de distribution. Les cinq principales raffineries sont Shell, Esso, British Petroleum, Mobil et Singapore Refining Co.

LES NOUVELLES ORIENTATIONS DE L'ÉCONOMIE DE SINGAPOUR

- Baisse de 40 à 33 % du taux d'imposition des sociétés et réduction à 30 % du taux d'imposition personnel

- Exemption de l'impôt sur les revenus de provenance étrangère

- Exemption de l'impôt pouvant aller jusqu'à 90 % des revenus provenant de l'exportation de services

---

Les nouvelles orientations de l'économie de Singapour ont eu pour effet de stimuler la consommation et les investissements et de donner un second souffle à l'économie durement touchée en 1986 (voir le tableau 5.1).

TABLEAU 5.1 TAUX DE CROISSANCE ANNUEL DE L'ÉCONOMIE : SINGAPOUR

Année	Taux de croissance annuel du PIB
1986	1,9 %
1987	8,8 %
1988	11,1 %
1989	9,2 %
1990	8,3 %
1991	6,7 %
1992	5,8 %
1993	8,8 %

Partenaires économiques diversifiés

Appuyée par de bonnes politiques économiques à long terme et transigeant à la fois avec les pays d'Asie, d'Europe et d'Amérique, **la République de Singapour est pratiquement à l'abri des problèmes économiques et maintient une croissance soutenue.**

Le produit national brut était de 45,7 milliards de dollars canadiens en 1991, et le revenu par habitant, de 17 150 dollars canadiens. Près de 90 % des citoyens vivent dans des appartements modernes, dont ils sont très souvent propriétaires. Le taux de chômage est quasi inexistant et se maintenait à 1,9 % en 1991.

Il existe un marché boursier, la Stock Exchange of Singapore (SES), et 333 compagnies y étaient inscrites au début de 1990. Les transactions journalières moyennes sont de 156,6 millions de dollars de Singapour[4].

LA STRATÉGIE ÉCONOMIQUE DU PAYS

Le gouvernement de la République de Singapour s'est depuis longtemps soucié de procurer aux entreprises une infrastructure propice aux affaires, de réduire la bureaucratie, de leur accorder des incitatifs financiers exceptionnels et de promouvoir le libéralisme économique. La politique de Singapour concernant les échanges commerciaux est simple : le libre-échange. Le pays veut même étendre cette politique à l'échelle mondiale.

Les produits de technologie de pointe d'abord

Depuis les dernières décennies, le taux de croissance élevé de Singapour repose sur une industrialisation à des fins d'exportation. **Le choix stratégique du gouvernement vis-à-vis des exportations s'est arrêté sur les produits de technologie de pointe que nous traduisons par «techno-**

logie propre» (*clean technology*). Ce choix s'est fait pour deux raisons : ce secteur d'activité est moins fragile aux mesures protectionnistes, et les coûts de main-d'œuvre élevés à Singapour (plus élevés qu'à Taiwan, à Hong Kong et en Corée du Sud) incitent à privilégier les produits à haute valeur ajoutée.

M. Bernard A. Gagosx, haut-commissaire du Canada à Singapour, estime qu'il n'y a pas d'usine d'assemblage automobile à Singapour parce que n'importe quelle nation peut le faire. Le gouvernement encourage quand même les investissements des multinationales dans les secteurs du pétrole et de la sidérurgie, mais ce ne sont pas des secteurs prioritaires.

L'adoption de cette stratégie industrielle a nécessité une restructuration importante de la production partout au pays. Le gouvernement a dû mettre sur pied des politiques de formation de la main-d'œuvre visant à accroître la compétence technique des ouvriers et leur productivité.

Centre global de gestion pour les entreprises

À plus long terme, le gouvernement de Singapour vise à faire du pays un centre important de la finance, de l'assurance, de la technologie et, plus généralement, de la gestion. Le premier ministre Goh caresse le rêve de faire passer le pays d'un centre régional à un centre mondial.

En outre, le gouvernement a l'intention de **faire de Singapour un centre global de gestion pour les entreprises** (*Total Business Centre*), terme qui fait référence à la gestion courante des activités d'une entreprise. Le pays peut actuellement offrir une gamme complète de services allant du design à la production, en passant par la distribution, le soutien technique et la gestion financière[5]. Poh Choon Lay, de l'Economic Development Board of Singapore, note que Singapour est déjà, à l'heure actuelle, une cité où l'on

206

trouve une expertise complète dans les secteurs de la finance, de la technologie de pointe et du marketing.

Dans son projet de «cité globale», le gouvernement a construit des usines à niveaux multiples, qui sont louées aux entreprises locales ou étrangères. Elles sont situées dans des parcs industriels et dirigées par le Jurong Town Council ou le Housing Development Board.

Projet d'«architecture d'entreprises»

Si le concept de «centre global de gestion pour les entreprises» est déjà une réalité à Singapour, le gouvernement veut aller plus loin et faire de Singapour un centre d'«architecture d'entreprises» (*Business Architect with Global Connections*). Ce concept s'appuie sur la mise en place de moyens permettant la création et la conception de nouvelles entreprises en fournissant tous les conseils pour démarrer une entreprise dans tous les secteurs, dans la mesure où le pays dispose d'un réseau de relations mondiales[6].

Avec son nouveau projet d'architecture d'entreprises, la stratégie du gouvernement le conduit à accorder la priorité à l'accroissement de la compétence de sa main-d'œuvre, à l'augmentation de la productivité de ses entreprises et à l'utilisation d'équipement permettant de réduire la main-d'œuvre.

Le bassin de main-d'œuvre est limité, et c'est pourquoi le gouvernement préfère attirer des entreprises nécessitant davantage de capital que de main-d'œuvre. C'est également la raison pour laquelle il encourage le plus possible l'automatisation des activités de production.

Le gouvernement veut éviter que les entreprises deviennent dépendantes de la main-d'œuvre étrangère non spécialisée, ce qui risquerait de miner ses politiques d'amélioration de la compétence de la main-d'œuvre locale et d'amélioration de son industrie.

M. Chin Teck Huat, directeur exécutif de l'Association des manufacturiers de Singapour, soulignait que Singapour et le Canada ont tous deux des problèmes reliés aux coûts élevés de la main-d'œuvre et devraient chercher à fabriquer des produits à haute valeur ajoutée : produire, par exemple, des composantes qui peuvent ensuite être assemblées là où les coûts de main-d'œuvre sont moins élevés.

Programme de liaison internationale

À l'aide de son Programme de liaison internationale (*International Business Linkage Program*), Singapour veut aider les entreprises à reconfigurer et à redistribuer leurs activités dans la région. Le pays développe actuellement des parcs industriels attrayants devant servir de «centre d'affaires global» permettant aux entreprises d'intégrer leurs diverses fonctions de recherche et de développement, de conception, de production, de marketing et de distribution.

Singapour veut encourager les entreprises à ajouter de la valeur à leurs activités par des incitatifs fiscaux. Pour bien faire comprendre son engagement, le gouvernement de Singapour parle d'un partenariat avec les entreprises locales et internationales.

Singapour : un centre financier international

L'une des stratégies déterminantes du gouvernement est de faire du pays un centre financier international. Ses politiques financières libérales ont déjà contribué à faire de Singapour l'un des principaux centres financiers de l'Asie.

Dès 1970, les dirigeants du pays avaient commencé à se rendre compte que les activités bancaires et financières pouvaient contribuer d'une façon significative au développement industriel du pays et devenir un secteur d'activité important en soi. Depuis, de nombreuses institutions financières internationales se sont installées à Singapour. Le pays possède maintenant beaucoup d'expertise dans le domaine, et le volume des transactions financières est considérable.

Il existe actuellement à Singapour plus de 140 banques, dont 13 sont locales. Nous y retrouvons près de 70 banques d'affaires dont les activités comprennent des services d'investissement et de conseils financiers, des services de gestion de portefeuilles et de finances corporatives.

De manière à traduire en action son projet de centre financier international, le gouvernement de Singapour a créé le Monetary Authority of Singapore (MAS) chargé de mener à terme le projet et de voir à l'expansion du marché des capitaux et des autres activités qui y sont reliées, dont la gestion de portefeuilles. Le gouvernement a également mis sur pied le Development Bank of Singapore comme principale source de prêts à moyen et à long termes qui lui permettrait de devenir un centre international de gestion de fonds.

LE COMMERCE INTERNATIONAL ET LES INVESTISSEMENTS ÉTRANGERS

Le commerce international est important pour le développement économique de Singapour, plus particulièrement en ce qui a trait à **l'exportation de ses produits à haute valeur ajoutée**. Les investissements en capitaux de la part d'entreprises étrangères sont nécessaires à la croissance interne de Singapour.

Le commerce international

Le gouvernement de Singapour est contre les mesures de protectionnisme et pour cause : la croissance soute-

nue de son économie dépend étroitement de ses exportations. M. Chin Teck Huat indiquait que le marché interne de Singapour est de moins de 3 millions de personnes et que 20 % de la production est destinée au marché local alors que 80 % est orientée vers l'exportation.

Singapour: un centre commercial

D'un point de vue régional, la **République de Singapour joue un rôle de premier plan et est en quelque sorte le centre commercial, financier et de réexpédition pour toute la région de l'ANASE.** La région peut aussi devenir une rampe de lancement pour tous les pays de la ceinture pacifique (*Pacific Rim*) et de l'Extrême-Orient[7].

La République compte six zones économiques libres (*Free Trade Zones*), dont la première a vu le jour en 1969. Ces zones procurent un soutien et des services pour l'entreposage et la réexportation de produits généralement contrôlés et taxables. Pendant l'entreposage de ces produits, aucun document de douane n'est requis tant qu'ils ne sont pas expédiés sur le marché. Ils peuvent également être réexportés sans droits de douane et avec un minimum de formalités.

Depuis 1978, il n'existe aucun contrôle des changes à Singapour. Les paiements, les transferts de capitaux et les remises peuvent s'effectuer librement.

TABLEAU 5.2 ÉCHANGES COMMERCIAUX : SINGAPOUR (1991)

	(En milliards de $ US)
Exportations	62,5
Importations	70,0
Total	132,5
Produit intérieur brut	40,0

En 1991, les exportations représentaient 62,5 milliards de dollars américains, les importations, 70 milliards, pour un total en échanges commerciaux de 132,5 milliards (voir le tableau 5.2). Les principaux clients de Singapour sont, dans l'ordre, les États-Unis, la Malaisie et le Japon. Ses principaux fournisseurs sont le Japon, les États-Unis et la Malaisie. Les entreprises québécoises et canadiennes devraient jouer un rôle plus important au chapitre de leurs exportations en direction de Singapour. Elles sont d'ailleurs actuellement en mesure de fournir bien des produits dont le pays a besoin à des prix compétitifs et en respectant les normes internationales de qualité.

Le rôle joué par Singapour en tant qu'entrepôt mondial est démontré par le fait que ses échanges commerciaux à l'échelle internationale (132,5 milliards de dollars américains) représentent trois fois son produit intérieur brut (40 milliards en 1991).

Plus de 500 multinationales et entreprises de commerce internationales utilisent Singapour à titre de centre d'entreposage et de distribution pour la région Asie-Pacifique. Singapour continue de jouer son rôle historique d'entrepôt international, et c'est en partie pourquoi le commerce international y est si important.

Les relations commerciales de Singapour avec le Canada sont peu importantes et représentaient 1,2 % des échanges internationaux de Singapour en 1991. Les principales exportations canadiennes en direction de Singapour sont constituées d'argent, d'or, d'aéronefs, de machines, de matériel de télécommunication et de papier. Les principales importations de Singapour en provenance du Canada comprenaient du matériel électronique et électrique, particulièrement des ordinateurs, des téléviseurs et des machines.

D'une manière générale, **les relations sont cordiales entre le Canada et Singapour**. Cette bonne entente peut en partie être expliquée par le fait que beaucoup de jeunes du pays ont déjà étudié au Canada (entre 1500 et 2000 en moyenne chaque année) et que plusieurs d'entre eux y ont même immigré.

Les investissements étrangers

Les projets d'investissements annuels dans la République de Singapour se situent, depuis quelques années, entre 1,5 et 2,5 milliards de dollars canadiens. Les plus grands investisseurs étrangers de Singapour sont le Japon et les États-Unis (le tiers du total des investissements).

Ces dernières années, les Américains ont essentiellement investi dans la production de composantes électroniques, de machinerie et d'équipement médical, sans pour autant négliger les secteurs financiers. Les Japonais, quant à eux, ont plutôt choisi l'électronique, les produits chimiques industriels et électriques. Ils sont également présents dans le secteur bancaire, le secteur boursier (Nomura, Daiwa, Yamaichi & Nikko) et les assurances (Nippon, Sumitomo, Taisho, Tokio et Yasuda). Les Japonais considèrent Singapour comme un centre stratégique idéal pour procurer des services aux économies grandissantes de Hong Kong à Sydney, en Australie[8].

Actuellement, sur les 3000 entreprises étrangères, 700 sont des entreprises manufacturières et 2300 œuvrent dans le secteur des services, dont la consultation, les services d'avocats, les services comptables et les détaillants.

QUELQUES FAITS SAILLANTS DE L'ÉCONOMIE DE SINGAPOUR

- Économie axée sur l'exportation
- Nombreux incitatifs fiscaux pour attirer les investisseurs étrangers
- Peu de barrières tarifaires
- Liberté commerciale
- Peu de bureaucratie
- Croissance annuelle importante de l'économie
- Excellente infrastructure
- Partenaires économiques diversifiés
- Mise en place d'un centre global de gestion
- Centre financier international
- Centre international de transit des marchandises
- Cote d'investissement «sans risque» établie par le Japon

Une soixantaine d'entreprises du Canada sont présentes à Singapour, dont la plupart sont de grandes banques. En 1990, le total des investissements canadiens ne dépassait pas 200 millions de dollars canadiens. Cette somme était principalement consacrée à des bureaux régionaux plutôt qu'à des activités de fabrication. Les investissements de Singapour au Canada seraient pour leur part inférieurs à 100 millions de dollars canadiens. Selon Mme Esther Ho, officier commercial du gouvernement du Québec à Singapour, les principales entreprises québécoises présentes à Singapour sont Pratt & Whitney, QIT Titanium, Monenco Ltd., Decision Processes International et des institutions financières.

213

Singapour est le centre du marché du dollar asiatique. Les actifs de ce fonds étaient évalués à plus de 280 milliards de dollars américains à la fin de 1988. Outre les banques, nous retrouvons des compagnies d'assurances, des compagnies de prêts et des marchés de l'or.

Le climat du pays comme milieu d'investissement est excellent, comme en font foi les importants investissements étrangers que nous y retrouvons. Depuis 1981, le Japan Bond Research Institute accorde la cote «sans risque» à Singapour pour les investissements étrangers.

LA MAIN-D'ŒUVRE

La population de Singapour bénéficie d'un bon niveau de scolarisation et constitue une main-d'œuvre qualifiée. Selon M. Jim A. Feir, du Haut-Commissariat de Singapour, les travailleurs développent un sentiment d'appartenance envers leur entreprise et font preuve de loyauté.

Le gouvernement de Singapour a mis sur pied plusieurs programmes de formation industrielle. Les programmes publics sont appuyés par des programmes privés fortement encouragés par le gouvernement.

Afin d'accroître la compétence de la main-d'œuvre, le Skills Development Fund (SDF) a été créé en 1986. Les employeurs doivent payer une cotisation à ce fonds pour les employés gagnant moins de 750 dollars de Singapour par mois. Le fonds sert à promouvoir le développement de la main-d'œuvre et à fournir des bourses d'études. Ce projet fait partie de la politique nationale visant à transformer l'industrie et à l'améliorer.

Les pressions sont à la hausse en ce qui concerne les prix et les salaires. Le pays est à court d'ouvriers qualifiés et semi-qualifiés, et l'on constaterait un besoin flagrant d'entrepreneurs. Le secteur manufacturier est l'employeur le plus important, suivi du secteur commercial.

De bonnes relations de travail

Environ 20 % de la main-d'œuvre est syndiquée, et les organismes syndicaux doivent se conformer au *Trade Unions Act.* Fait à noter, depuis 1978, **il n'y a eu qu'une seule grève, en 1986, qui a duré deux jours.**

Ce climat serein tient sans doute à une reconnaissance par les trois parties (le gouvernement, les employeurs et les employés) de **la prédominance des intérêts de la nation sur tout autre profit.** Ce climat tient également au fait que **le National Wages Council (NWC) établit des guides d'augmentation des salaires acceptables pour les trois parties.**

Les réseaux de transport et de communication

Le gigantesque port de mer de Singapour, où circulent la majorité des compagnies maritimes, manipule annuellement plus de 430 millions de tonnes de marchandises sur un total de 39 000 navires. Plus de 700 compagnies maritimes transitent par Singapour. En 1989, il a été proclamé le meilleur port de toute l'Asie à la remise des Asian Freight Industry Awards. Selon bien des experts, le port de mer et l'aéroport de Singapour seraient parmi les plus efficaces du monde.

Située à un carrefour stratégique de l'Asie du Sud-Est, la République de Singapour est une escale importante et achalandée d'environ 54 lignes aériennes. Celles-ci relient Singapour à près de 50 pays. L'aéroport de Singapour a été nommé le meilleur aéroport du monde par les lecteurs du *UK Business Traveller Magazine* deux années consécutives, soit en 1988 et en 1989[9].

Enfin, Singapour possède une excellente infrastructure tant pour ses approvisionnements en eau et en électricité que pour son réseau routier et téléphonique. C'est d'ailleurs le centre de télécommunication de toute l'Asie du Sud-Est.

INVESTIR À SINGAPOUR : LES RENSEIGNEMENTS DE BASE

Vous verrez que les occasions d'affaires pour les dirigeants d'entreprises québécoises sont nombreuses à Singapour. Voici quelques renseignements de base sur les secteurs et les régions d'affaires de Singapour ainsi que quelques conseils pratiques.

Les secteurs d'affaires

Selon des responsables du gouvernement de Singapour, des représentants canadiens en poste dans ce pays et bon nombre de gens d'affaires, il semble exister plusieurs créneaux de croissance à Singapour dans bien des secteurs d'activité, dont les services, le secteur industriel, le secteur financier et l'environnement.

LES CRÉNEAUX DE CROISSANCE FUTURE DE SINGAPOUR

LES SERVICES	LE SECTEUR INDUSTRIEL	LE SECTEUR FINANCIER
• Services professionnels • Services médicaux • Agrotechnologie • Publicité • Consultation en management et en ingénierie • Informatique • Éducation et formation	• Électronique • Télécommunication • Aéronautique • Biotechnologie • Produits pharmaceutiques • Équipement médical • Alimentation	• Gestion des risques et des fonds • Financement dans des pays tiers • Marché des capitaux **L'ENVIRONNEMENT** • Systèmes d'information • Équipement de surveillance

Au sujet de l'environnement, **les secteurs d'affaires où le Québec et le Canada ont une expertise reconnue (selon l'Agence canadienne de développement international) sont : les systèmes d'information, l'équipement de surveillance de l'environnement, la planification des ressources, l'économie de l'environnement, l'évaluation des impacts environnementaux et l'équipement de développement des ressources naturelles**[10].

Il semble que les aires d'avenir particulièrement prometteuses pour les entrepreneurs québécois soient dans le domaine de la formation et de l'importation d'expertises et d'habiletés entrepreneuriales. Les investissements projetés par le pays en infrastructure représentent aussi des occasions d'affaires. Il y a notamment, pour la prochaine décennie, un projet de 6 milliards de dollars canadiens pour l'agrandissement des ports, des réseaux de services publics et des systèmes de télécommunication. La troisième phase du Singapore Mass Rapid Transit, estimé à 1,2 milliard de dollars canadiens, doit aussi se poursuivre.

CRÉNEAUX POUR LES GENS D'AFFAIRES CANADIENS ET QUÉBÉCOIS À SINGAPOUR

- Télécommunication et informatique

- Agriculture et alimentation

- Produits militaires (l'armée de Singapour est l'une des mieux équipées de la région)

- Équipement pétrolier

- Produits médicaux

- Consultation en gestion et en protection de l'environnement

Les régions d'affaires

Le Johore (État du sud de la Malaisie) est le territoire le plus convoité par les investisseurs, après le Selangor (État sur la côte ouest de Malaisie), et ne se trouve qu'à une heure de route de Singapour. Vous pouvez trouver au Johore des terrains en bonne quantité et à des prix avantageux, ainsi qu'une main-d'œuvre à bon marché. En ce sens, Singapour agit un peu à la manière de Hong Kong, qui a recours à la main-d'œuvre à bon marché du sud de la Chine.

Nous retrouvons aussi, dans cette région, les industries oeuvrant dans le domaine du caoutchouc, du textile, des produits électriques et électroniques (assemblages). On y est également actif dans les domaines du bois de construction, de l'ameublement, de la transformation de produits alimentaires, des produits chimiques et de la verrerie.

Quelques conseils pratiques

La République de Singapour peut constituer **un tremplin pour lancer une affaire dans plusieurs pays de l'Asie du Sud-Est et notamment chez les cinq membres de l'Association des nations de l'Asie du Sud-Est (ANASE).** Singapour peut vous servir de base d'exportation ou devenir l'emplacement d'un siège social pour toute la région.

Selon Bernard A. Gagosx, 80 entreprises canadiennes ont des représentants à Singapour. «Leur mode d'entrée traditionnel consiste bien souvent à venir y vendre des produits (exportation), et, si ça va bien, elles décident parfois de produire sur place à meilleur coût.» Ces entreprises établissent alors un siège social à Singapour, éventuellement avec un partenaire local, afin de démarrer une usine de fabrication en Malaisie ou en Thaïlande.

Récemment, **les entreprises étrangères ont commencé à se faire des alliances stratégiques sur place avec des**

visées à long terme. «Les possibilités sont sans bornes, enchaîne M. Gagosx, car le marché, ce n'est pas seulement Singapour, mais toute la région.» Selon lui, les Canadiens sont souvent mal préparés et ne comprennent pas toujours le marketing et les différences locales. «Il faudrait qu'ils développent des relations dans le système de distribution et qu'ils s'engagent vraiment dans la région», ajoute-t-il.

Vous pourriez avoir avantage à être présent aux foires industrielles et commerciales de Singapour, où l'on retrouve le sixième centre de congrès du monde. Il est réputé pour ses expositions industrielles et commerciales dans toute l'Asie. Il vous est possible de louer un espace pour montrer vos produits à l'International Merchandise Mart, situé à Jurong.

Des organismes, tels que l'Association des manufacturiers de Singapour, peuvent informer les gens d'affaires québécois et canadiens. Cet organisme publie chaque année le *Prospect : a Business Guide to Singapore Products & Services*, qui décrit plusieurs centaines de produits actuellement présents sur les marchés de Singapour[11]. Ce document peut vous servir à identifier les produits concurrents ou à faciliter une alliance avec un fabricant ou un distributeur de produits parents.

RENSEIGNEMENTS DE BASE

- Possibilités d'affaires sans bornes

- Tremplin pour lancer une affaire (ANASE)

- Endroit par excellence pour être présent aux foires industrielles

- Communiquez d'abord avec un organisme canadien en place

SINGAPOUR : UN CLIMAT D'INVESTISSEMENT IDÉAL

Singapour, qui fut jadis une colonie britannique, est maintenant une démocratie parlementaire indépendante. Son système politique est efficace et favorise pleinement la libre entreprise. Le pays privilégie également, d'une façon marquée, les échanges sur le plan international. La République est de petite dimension, et ses principales richesses sont sa main-d'œuvre, son port de mer et sa position géographique stratégique. **Les aspects positifs à l'investissement sont nombreux à Singapour, dont la présence d'une excellente infrastructure**.

LES ASPECTS POSITIFS DE L'ÉCONOMIE DE SINGAPOUR

- Taux de croissance important du produit national brut (voir le tableau 5.3)

- Marché extérieur diversifié

- Revenu par habitant élevé

- Taux d'inflation modéré

- Taux de chômage presque inexistant

- Possibilité de profiter de l'économie en pleine croissance de ses voisins de l'Asie du Sud-Est

- Excellente infrastructure

- Main-d'œuvre hautement qualifiée

- Dette extérieure quasi inexistante

Contrairement au Japon, Singapour ne détient pas véritablement de technologie qui lui est propre. La République compte encore sur les transferts technologiques. Les facteurs négatifs à l'exportation ou à l'investissement à Singapour sont surtout reliés à des coûts de main-d'œuvre élevés et à un marché intérieur peu important.

TABLEAU 5.3 INDICATEURS ÉCONOMIQUES : SINGAPOUR

Produit intérieur brut (1991)	45,7 milliards de $ CAN
Croissance du PIB (1991)	6,7 %
Revenu par habitant (1991)	17 150 $ CAN
Inflation (1993)	2,4 %
Chômage (1990)	1,9 %

(Source : Banque Royale du Canada, *Economic Trends and Policies*, mars 1994.)

LES ASPECTS NÉGATIFS DE L'ÉCONOMIE DE SINGAPOUR

- Faible diminution de la croissance économique

- Coûts de main-d'œuvre élevés

- Marché local relativement peu important

- Dépendance face aux exportations

CONCLUSION

L'économie de Singapour profite d'une croissance soutenue et est l'une des plus prospères de l'Asie du Sud-Est. En outre, d'une économie plutôt axée sur la production industrielle, la République s'est transformée depuis les années 60 en un centre financier, de fabrication et de distribution pour toute la région Asie-Pacifique.

Les politiques économiques à long terme de la République de Singapour sont peu contraignantes afin de laisser

221

aux gens d'affaires une plus grande marge de manœuvre. Ces politiques économiques sont principalement axées sur les exportations de produits à haute valeur ajoutée et sur l'apport de capitaux étrangers.

Le gouvernement du pays cherche à faire de Singapour un centre complet de gestion pour les entreprises à caractère multinational. Il lui faudra alors prendre les mesures nécessaires afin de développer une expertise dans la gestion globale des entreprises. Il cherche aussi à faire de Singapour un centre d'architecture d'entreprises (*Business Architect with Global Connections*) pouvant permettre la création et la conception de nouvelles entreprises. Dans cette optique, les secteurs prometteurs pour l'avenir immédiat sont la finance, la gestion et l'ingénierie.

Le gouvernement veut faire du pays une base multifonctionnelle par excellence afin que les leaders industriels internationaux puissent y optimiser leur compétitivité mondiale. À Singapour, on veut ajouter le plus possible de valeur aux activités d'une entreprise internationale.

Les secteurs d'avenir pour le Québec et le Canada à Singapour sont la télécommunication et l'informatique, l'agriculture et l'alimentation, l'équipement militaire, l'équipement pétrolier, les produits médicaux ainsi que la consultation en gestion et en protection de l'environnement. Vous retrouverez à Singapour un cadre idéal pour faire des affaires et prendre de l'expansion.

NOTES

1. «Singapore's Ruling Party Returned to Power», *Singapore Investment News*, septembre 1991.

2. *Singapore Trade Development Board Annual Report.* Singapour, 1989-1990, p. 8.

3. ERNST AND YOUNG, *Doing Business in Singapore*, Singapour, 3ᵉ édition, juillet 1990, p. 11.

4. MINISTRY OF COMMUNICATIONS AND INFORMATION, *Singapore : Facts and Pictures 1990*, Singapour, 1990, p. 63.

5. SINGAPORE INTERNATIONAL CHAMBER OF COMMERCE, *Investor's Guide to the Economic Climate of Singapore*, Singapour, 1990, p. 4.

6. EDB, *Singapore : The Business Architect with Global Connections*, Singapour, Economic Development Board, 1990, pp. 6-7.

7. SINGAPORE INTERNATIONAL CHAMBER OF COMMERCE, *ibidem.*, p. 4.

8. SINGAPORE INTERNATIONAL CHAMBER OF COMMERCE, *Economic Bulletin*, Singapour, vol. 20, octobre 1991, p. 27.

9. SINGAPORE TRADE DEVELOPMENT BOARD, *Warehousing and Distribution*, Singapour, p. 2.

10. CANADA-SINGAPORE BUSINESS ASSOCIATION, «The Environment : Issues and Opportunities in ASEAN», *The Leaf*, n° 158/5/91, octobre 1991.

11. SINGAPORE MANUFACTURERS ASSOCIATION, *Annual Report 1990-1991*, Singapour 1991, pp. 8-17.

CHAPITRE 6

CONSIDÉRATIONS STRATÉGIQUES : CEINTURE PACIFIQUE

Après un certain nombre d'années d'activité, bon nombre d'entreprises québécoises se retrouvent dans des marchés saturés en raison de la compétition locale et internationale. En outre, le marché de ces entreprises est souvent limité, la population étant de faible importance (un peu plus de 6 millions d'habitants au Québec).

Bien des entreprises d'autres pays font face à la même situation. C'est le cas, notamment, de Hong Kong, de Taiwan et de Singapour. Ces pays ont choisi d'avoir recours aux exportations pour résoudre ce genre de problème. Une trop grande dépendance envers les exportations en direction du marché américain les rend vulnérable. C'était le cas de Taiwan qui, il n'y a pas longtemps, a décidé de diversifier ses marchés d'exportation. Singapour n'avait pas ce type de problème, ses marchés étant déjà diversifiés.

Les entreprises québécoises et canadiennes devraient diversifier davantage leurs marchés d'exportation et réduire leur dépendance vis-à-vis du marché américain et, par la même occasion, se mettre à l'abri des soubresauts de son économie. Omettre de miser sur les exportations ne signifie pas seulement perdre des occasions d'affaires, mais également s'assurer une défaite sur son propre territoire au profit de concurrents étrangers **qui ne manqueront pas de s'y installer.**

Nous avons mentionné dans l'introduction de cet ouvrage que, pour maintenir leur niveau de vie, les Québécois et les Canadiens ne devront plus compter uniquement sur leurs matières premières, mais miser davantage sur leurs richesses intellectuelles en ajoutant de la valeur à leurs produits. Plusieurs pays industrialisés se tournent vers des industries de technologie de pointe (électronique et biotechnologie) pour assurer leur développement. Bien des pays d'Asie représentent un marché pour ce genre de produits quand ce n'est pas une plate-forme propice aux transferts technologiques dans les deux sens.

En se référant aux grappes industrielles de l'ex-ministre Tremblay, il est facile de préciser les secteurs où le Québec peut se tailler une place sur le plan international, là où précisément les entreprises sont déjà concurrentielles : les industries aérospatiales, pharmaceutiques, de l'équipement d'énergie électrique, de la technologie de l'information et de la transformation des métaux et des minéraux. Mais, au-delà de ces grappes, le Québec a déjà fait ses preuves dans les secteurs de la biotechnologie, de la santé, de l'environnement, de la foresterie et de la télécommunication. Les pays ayant fait l'objet de cette étude cherchent justement à échanger dans ces secteurs d'activité où le Québec possède déjà une expertise.

Comme cadre de réflexion de ce dernier chapitre, nous présentons les facteurs importants à considérer avant de faire des affaires en Asie, les modes d'entrée des pays asiatiques et les étapes préalables à suivre.

L'ÉLABORATION D'UNE STRATÉGIE

Il y a quelques décennies, les gens d'affaires québécois considéraient, à juste titre, que l'Asie était une région éloignée.

Avec les systèmes de transport et de communication actuels, il n'est pas plus difficile de faire des affaires à Singapour qu'à Toronto. Le problème réel repose davantage sur les mentalités des décideurs que sur des considérations techniques.

Avant de songer à conquérir les marchés asiatiques, vous devez reconsidérer la stratégie de votre entreprise, qui doit s'aligner sur une nouvelle vocation à caractère international.

DÉFINIR UNE STRATÉGIE

La planification stratégique est le processus par lequel une entreprise définit sa mission ainsi que ses objectifs à long terme (par exemple, desservir dorénavant le marché international). Une stratégie implique l'élaboration de plans pour l'avenir. **Ces derniers doivent préciser quels types de produits l'entreprise veut offrir et à quels marchés (pays et type de clients) ils sont destinés.** Sur le plan international, cela signifie que vous devez décider d'aller là où se trouve l'action et de choisir un pays en conséquence pour lancer vos activités internationales.

Les critères de sélection d'un pays sont : le marché potentiel (population), le revenu par habitant, les contrôles gouvernementaux, la stabilité politique, les restrictions sur les importations et les investissements étrangers, les avantages fiscaux, la qualité de l'infrastructure, la disponibilité de la matière première et la compétence de la main-d'œuvre.

Une fois le marché choisi, l'entreprise doit déterminer la manière d'y entrer : import-export, propriétaire unique, coentreprise, licences ou franchises.

Deux choix stratégiques

Une entreprise qui veut se lancer sur le marché international doit considérer deux stratégies. D'une part, elle peut privilégier la **stratégie de la globalisation, qui consiste à**

227

vendre ses produits sur les marchés mondiaux sans se soucier de les différencier, de les ajuster aux besoins locaux et régionaux. Vendre, par exemple, le même outillage électrique, quel que soit le pays auquel il est destiné. D'autre part, l'entreprise peut préférer la **stratégie de la sensibilité nationale et ajuster son produit en tenant compte des goûts des consommateurs et des réglementations locales et régionales.** Offrir, par exemple, à ses clients de Taiwan un produit de conception différente de celle des produits offerts au Mexique.

La stratégie de la globalisation (le même produit quelle que soit la culture) procure des économies d'échelle et n'oblige pas à ajuster, par exemple, une chaîne de montage afin de modifier un produit et satisfaire les besoins des différents clients. L'entreprise peut alors centraliser ses opérations, ce qui facilite la coordination de ses activités.

La stratégie de la sensibilité nationale peut conduire à une dispersion géographique (décentralisation) des activités afin de mieux s'ajuster aux conditions locales et régionales. Les filiales (bureaux de vente ou usines de production) ont alors plus d'autonomie et peuvent mieux répondre aux besoins locaux. Par la même occasion, elles peuvent exercer une surveillance plus étroite de leurs compétiteurs et être à l'affût de nouvelles occasions d'affaires.

Définir une stratégie, c'est dénicher un marché et préciser en même temps les mécanismes qui permettront d'y avoir accès. Ces mécanismes renvoient aux réseaux de distribution : les supermarchés, les boutiques d'aéroport et les salles d'exposition, par exemple.

QUELS SONT LES PRODUITS QUE VOUS VOULEZ VENDRE?

La stratégie d'une entreprise doit tenir compte de ses capacités : ses forces et ses faiblesses. La stratégie dépend aussi des occasions qui se présentent sur les marchés et du dynamisme des concurrents. À la lumière de l'analyse de ces éléments, l'entreprise doit tenter de pallier ses faiblesses et de développer encore davantage ses forces.

Avant de songer à pénétrer les marchés étrangers, vous devez vous poser diverses questions. Les réponses doivent être positives pour chacun des quatre premiers points suivants.

1. Votre produit est-il compétitif sur le marché local?

Pour que votre produit soit compétitif sur les marchés internationaux, quant au prix et à la qualité, il doit l'être d'abord sur le marché local. Votre entreprise doit s'assurer que son produit est unique et qu'il offre des avantages techniques sur ceux des concurrents.

L'entreprise exportatrice doit être en mesure de préciser ce que l'acheteur étranger désire exactement à propos de la conception, de la qualité et du prix. Pour répondre à ces questions, elle doit recourir à un conseiller local, qui lui indiquera où est le marché, ce qu'il désire et comment l'atteindre. Le produit devra peut-être subir certaines adaptations pour se conformer aux exigences de l'acheteur étranger. Enfin, l'emballage doit être attrayant et tenir compte de la langue locale.

2. Avez-vous la capacité de produire un surplus destiné à l'exportation?

Même si la réponse à la première question est positive, il faut que l'entreprise ait une capacité de production lui permettant de desservir ses nouveaux clients étrangers. Elle doit aussi pouvoir ajuster sa production aux spécifications des différents marchés. Un acheteur de Hong Kong peut avoir des exigences différentes de celles d'un acheteur de

229

Singapour. Enfin, l'entreprise doit pouvoir respecter les délais de livraison.

3. Avez-vous les ressources pour pénétrer le marché étranger?

Pénétrer un marché étranger peut parfois représenter des coûts considérables. En plus des frais de voyage, vous devez prévoir une étude de marché et peut-être la formation d'agents ou de distributeurs. Votre entreprise doit disposer des ressources financières, manufacturières et humaines nécessaires à la pénétration de marchés étrangers.

4. Votre produit ou service est-il susceptible de percer en Asie?

En tant qu'entreprise exportatrice, vous devez vous mettre dans la peau d'un client asiatique et examiner votre produit ou service dans une perspective asiatique. Vous serez ainsi plus à même de déterminer ses aspects positifs pour l'acheteur asiatique.

Vous devez vous demander pourquoi un acheteur asiatique achèterait votre produit. Il ne faut pas oublier que, si le produit a une touche canadienne, tant en ce qui a trait à son emballage qu'à sa marque de commerce, il peut parfois s'avérer attrayant pour un acheteur asiatique.

5. Existe-t-il, en Asie, un produit concurrent?

Certains produits sont typiquement canadiens. C'est le cas, notamment, de certaines essences d'arbres. D'autres produits ne sont propres à aucune nation (farine, pétrole) et ils doivent, dans ce cas, avoir un avantage notable sur celui des concurrents, quant au prix, aux caractéristiques ou à la qualité, pour percer sur le marché asiatique.

6. Quelle tactique d'entrée dans les pays asiatiques êtes-vous prêt à utiliser?

Cette question concerne le degré d'engagement que vous souhaitez avoir dans ces territoires. Cet engagement peut se limiter aux exportations de produits ou de services, ou aller plus loin et impliquer un investissement direct.

7. Envisagez-vous l'assemblage du produit sur place ou ferez-vous de la sous-traitance?

Si les résultats de votre analyse indiquent que votre entreprise a avantage à pénétrer les marchés asiatiques, vous pouvez songer à faire de l'assemblage sur place ou de la sous-traitance.

Il est parfois préférable, afin d'offrir une meilleure image corporative et pour réduire les frais de transport, d'expédier le produit en pièces détachées et d'en faire l'assemblage sur place. Dans ce cas, il pourrait être avantageux de recourir à de la sous-traitance autant pour le montage que pour la fabrication de certaines composantes du produit.

QUELS SONT LES MARCHÉS QUE VOUS VOULEZ VISER?

Exporter des biens, des services ou du savoir-faire en Asie n'est pas l'apanage des grandes firmes. Les occasions d'affaires sont également nombreuses pour les petites et moyennes entreprises. Pourtant, les gens d'affaires québécois restent craintifs quand il s'agit d'investissements sur les marchés étrangers et, plus particulièrement, en Asie. C'est le cas aussi aux États-Unis, où une étude de Dun & Bradstreet (1990), de New York, démontrait que seulement 8,5 % des entreprises de moins de 100 employés exportaient couramment[1].

Avant d'exporter vos produits ou vos services, vous devez connaître parfaitement votre propre marché, c'est-à-dire votre part du marché local, le profil de votre clientèle et vos revenus. Votre entreprise doit aussi posséder un bon contrôle de ses stocks, être assurée de la fiabilité de ses fournisseurs, disposer d'une technologie aussi avancée que celle de ses concurrents, offrir localement un bon service après-vente, bien contrôler ses coûts et, enfin, avoir une structure organisationnelle efficace.

LES MODES D'ENTRÉE DES MARCHÉS ASIATIQUES

Le taux de croissance économique rapide de certains pays asiatiques, en particulier celui des pays nouvellement industrialisés, a créé une demande considérable de produits et de services en provenance des pays de l'Ouest. Cette demande présente des occasions d'affaires jamais vues en Asie.

La collaboration industrielle

Avec la mondialisation des marchés, la collaboration industrielle entre les entreprises sur le plan international est devenue un outil privilégié de développement de bien des pays, autant en Asie, qu'en Europe ou en Amérique.

La collaboration industrielle est une entente qui précise les liens entre deux entreprises afin de poursuivre conjointement un objectif commun. Les partenaires partagent non seulement les risques et les avantages d'une entente de collaboration, mais également la prise de décisions. Par ailleurs, les partenaires maintiennent leur identité propre, et certaines de leurs activités ne sont pas nécessairement comprises dans l'entente.

Ce concept est différent de la fusion, où la collaboration est totale et où il y a perte de l'identité propre des entreprises qui s'associent. La collaboration industrielle peut prendre bien des formes, allant de l'entreprise en copropriété à l'octroi de licences, en passant par les alliances stratégiques.

La collaboration internationale permet des transferts technologiques, une réduction des mises de fonds, des économies d'échelle, la pénétration de nouveaux marchés et, souvent, l'atteinte d'objectifs qu'aucune des entreprises considérées individuellement ne pourrait atteindre.

Dans son expression la plus simple, la collaboration peut se résumer à une exportation ou à une importation de biens et de service, et à une exportation ou à une importation de capital. Poussée plus loin, la collaboration industrielle peut prendre la forme de coentreprises (*joint ventures*), d'octroi de licences et de franchises, d'investissements directs et d'alliances stratégiques.

L'IMPORT-EXPORT DE BIENS ET DE SERVICES

Plus de 40 % de ce qui est produit au Québec est destiné à des marchés étrangers. C'est plus de 2600 entreprises québécoises qui exportent actuellement. L'exportation joue, par conséquent, un rôle économique clé au Québec.

Les importations et les exportations constituent la façon la plus courante de faire des affaires dans la plupart des marchés internationaux. C'est bien souvent une première étape avant d'aller plus loin et de mettre sur pied un bureau de représentation ou de s'associer à un partenaire local.

Les entreprises qui exportent le font pour bien des raisons : accroître leur chiffre d'affaires, agrandir leur marché, prolonger la vie de leur produit, obtenir de plus grandes économies d'échelle et diminuer leur dépendance vis-à-vis des marchés traditionnels. N'ayant pas les ressources suffisantes ou connaissant mal les marchés étrangers, la PME québécoise doit souvent avoir recours à une expertise extérieure pour se lancer dans l'exportation.

Le choix entre un courtier, un distributeur ou un agent

La plupart des gens d'affaires qui exportent en Asie ont recours à des courtiers, des distributeurs ou des agents. La différence entre les trois modes de représentation est parfois mince selon les pays.

Le rôle d'un **courtier** est différent de celui d'un courtier en douanes dont le rôle consiste à faciliter les importations de produits dans son pays. La responsabilité d'un courtier est plus vaste. Il réalise des ventes au nom d'un exportateur.

Le courtier agit comme intermédiaire entre le client et le fournisseur, et il peut lui arriver de vendre des produits concurrents. Le courtier doit satisfaire autant son client que le fournisseur. Il peut lui arriver, par exemple, de vendre à son client le produit d'un concurrent si le prix est meilleur. Généralement, il touche une commission. Il peut, si l'entente avec le fournisseur le stipule, devenir propriétaire légal du produit, l'entreposer et le distribuer. Suivant l'entente, le fournisseur conserve plus ou moins le contrôle des modes de mise en marché de son produit[2].

Le distributeur achète les produits d'un exportateur, les conserve en inventaire, les entrepose et les revend à ses clients. Il en acquiert le titre de propriété. Le fournisseur fixe un prix de vente au distributeur, qui détermine lui-même sa marge de profit et le prix de vente final.

Le distributeur ne reçoit pas de commission. Il contrôle les méthodes de marketing et fournit le service après-vente. Avoir recours à un distributeur est l'option la moins risquée, mais le fournisseur perd le contrôle sur le marketing du produit. Enfin, l'entente avec un distributeur est facile à résilier.

Parmi les trois modes de représentation, **l'agent commercial est celui qui entretient les relations les plus étroites avec l'exportateur.** Il est son représentant et peut ratifier des contrats de vente en son nom. Il n'entrepose pas de produits. Lorsqu'il le fait, les produits demeurent en consignation, et le fournisseur en reste le propriétaire.

C'est le fournisseur qui fixe le prix de vente final et qui contrôle les méthodes de marketing. Il peut arriver à l'agent de vendre d'autres produits apparentés, mais il vend rarement des produits concurrents. L'agent obtient la commande, le fournisseur livre la marchandise directement au client et verse une commission à l'agent. Les contrats avec un agent sont plus difficiles à résilier[3].

Avant de choisir un agent commercial, l'exportateur doit tracer le profil de l'agent avec qui il souhaite travailler. Vous pouvez sélectionner un agent commercial en faisant appel aux délégués commerciaux du Québec ou du Canada en poste à l'étranger, au cours de rencontres pendant des salons commerciaux, par l'intermédiaire des associations de manufacturiers ou de détaillants à l'étranger et à la lecture de périodiques ou de publications gouvernementales reliés à votre secteur d'activité.

Lorsque vous aurez choisi un agent commercial, il est préférable d'avoir recours à un conseiller juridique du pays hôte afin de vous assurer que tous vos droits en tant qu'exportateur sont respectés.

Le choix d'un agent commercial est une étape importante avant de faire des affaires dans les pays asiatiques. Ce choix peut faire toute la différence entre le succès et l'échec d'un exportateur. Une fois l'agent choisi, une autre étape importante consiste à préciser les modes de financement des exportations.

RENSEIGNEMENTS SUR L'AGENCE COMMERCIALE

- Nombre d'années d'existence
- Chiffre de ventes
- Taille (nombre de vendeurs)
- Gamme de ses produits
- Compatibilité de ses produits avec le vôtre
- Efforts qu'elle est disposée à consentir pour votre produit
- Territoire qu'elle couvre
- Installations (si elle possède des entrepôts et si ses services sont informatisés)
- Ses politiques de mise en marché et de promotion

CLAUSES DU CONTRAT AVEC L'AGENCE COMMERCIALE

- Description des responsabilités des deux parties
- Durée du contrat
- Langue de rédaction de l'entente
- Territoire que l'agent doit couvrir
- Identification des responsables des efforts de mise en marché
- Modes de détermination des prix
- Modes de résolution des différends
- Identification des responsables des garanties et du service après-vente
- Identification des responsables de la tenue des livres
- Modes de livraison, d'inspection et de paiement
- Modes de résiliation du contrat[4]

Le financement des exportations

Recourir au financement des exportations fait appel à des institutions spécialisées dans ce type de transactions. Voici les principaux intervenants sur le plan du financement des exportations.

Les banques à charte canadiennes

Utiliser les banques à charte est sans doute le mode de financement des exportations le plus répandu. De plus en plus de banques canadiennes possèdent des succursales ou des correspondants en Asie afin de faciliter leurs transactions internationales et de profiter, par la même occasion, d'un marché fort lucratif. Les services offerts par les banques canadiennes incluent la lettre de crédit, les comptes ouverts à l'exportation et les escomptes de créances.

La lettre de crédit est émise par une banque en faveur du vendeur d'exportation, sur demande de l'acheteur d'importation. Cette lettre assure un paiement à l'exportateur, en autant que le contrat soit respecté et que les documents fournis soient conformes au contenu de la lettre de crédit.

Les comptes ouverts à l'exportation sont principalement utilisés sur le marché américain; il s'agit d'un financement consenti par une banque à même la marge de crédit du fournisseur d'exportation.

Enfin, l'escompte de créances consiste en l'achat par une banque des créances de clients étrangers d'un exportateur canadien et permet à celui-ci de profiter immédiatement du produit de sa vente.

La Société de développement industriel du Québec (SDI) offre deux principaux types de financement : le crédit d'implantation et la garantie de prêt.

Le principal objectif du crédit d'implantation est de favoriser l'implantation des entreprises sur de nouveaux marchés hors Québec. Le crédit, sous forme de prêt participatif (sans garantie), peut représenter 75 % des dépenses dites d'implantation : frais de déplacement, frais de location de bureaux et d'entrepôt, frais de marketing, etc.

La garantie de prêt est une garantie bancaire pouvant couvrir jusqu'à 90 % de la perte que pourrait encourir une banque. Cette garantie a pour but de financer les stocks destinés à l'exportation de même que les créances des clients étrangers.

La Société pour l'expansion des exportations (SEE) offre des services de garantie, de financement et d'assurance à l'exportation. Ainsi, l'assurance crédit à l'exportation offre une protection contre l'annulation d'un contrat, l'insolvabilité de l'importateur ou son refus de prendre possession de la marchandise. La SEE offre également un financement aux acheteurs d'importation étrangers sous forme de crédit à l'acheteur et verse les fonds aux exportateurs canadiens au nom des importateurs.

L'aide des gouvernements à l'exportation

Les gouvernements du Québec et du Canada offrent plusieurs services et programmes aux entreprises canadiennes désireuses d'exporter. Ils fournissent de l'information, des séminaires, une aide financière et dispose de bureaux économiques dans bien des pays.

Le gouvernement du Québec

Le ministère des Affaires internationales (MAI) aide les entreprises québécoises qui souhaitent exporter leurs produits ou leurs services sur les marchés étrangers. Cette aide peut prendre la forme de missions, d'expositions commerciales à l'étranger ou d'une aide technique et financière.

238

Le Programme d'aide à la promotion des exportations (APEX) offre des missions individuelles, un soutien financier pour la participation à des foires, l'aide d'experts-conseils pour l'évaluation du potentiel de nouveaux marchés et divers autres services aux exportateurs canadiens.

Le gouvernement du Canada

Le ministère de l'Industrie, des Sciences et de la Technologie (MIST) administre le Programme de développement des marchés d'exportation (PDME) pour le compte du ministère des Affaires extérieures du Canada.

La Société pour l'expansion des exportations (SEE) a pour mandat de faciliter les exportations canadiennes en offrant des services d'assurances, de garanties et de financement afin que les entreprises canadiennes puissent mieux faire face à la concurrence étrangère[5].

Les importations

Les nations asiatiques commercialisent une foule de produits que nous ne retrouvons pas nécessairement sur les marchés nord-américains. Or, ces produits sont susceptibles d'intéresser les consommateurs québécois et canadiens, comme des appareils transistorisés ou miniaturisés, des outils électriques, des appareils ménagers, des vêtements, des montres et bien d'autres produits de qualité à des prix intéressants. C'est le cas, notamment, de Hong Kong et de Taiwan. Les occasions d'affaires y sont nombreuses pour les importateurs nord-américains.

Il existe beaucoup de similitudes entre les activités commerciales qui touchent les exportations et les importations. Dans les deux cas, les gens d'affaires doivent avoir recours à des agents commerciaux.

La grande différence entre les exportations et les importations, c'est que, dans le dernier cas, les risques commerciaux se situent du côté de l'importateur (risques reliés au taux de change). En outre, comme pour les exportations, l'importateur devra procéder à une étude de marché au Canada et obtenir l'aide d'un courtier ou d'un agent en provenance du pays étranger pour effectuer ses achats et les expédier. Il fera de même ici, en Amérique, afin que ses produits soient dédouanés et entreposés.

Les activités d'import-export de biens et de services représentent les moyens les plus simples et les plus courants de collaborer avec les pays étrangers et d'accroître les activités commerciales sur le plan international. Pour faciliter le rapprochement entre importateurs et exportateurs, certains pays asiatiques utilisent des banques de données informatisées.

LES LICENCES ET LES FRANCHISES

La méthode des licences et des franchises fait appel à un plus grand engagement dans la collaboration internationale, tant pour les exportateurs que pour les importateurs.

Une franchise fait référence au droit, pour une entreprise, d'exploiter une marque de commerce ou une raison sociale que lui concède une autre entreprise. De nos jours, les franchises représentent un moyen très populaire de faire des affaires, autant en Amérique du Nord qu'en Asie. On peut franchiser plusieurs marques de commerce, à partir des automobiles et des boissons gazeuses jusqu'aux industries du *fast food*, des ordinateurs et des produits cosmétiques.

La franchise permet au nouvel entrepreneur de posséder une entreprise pouvant concurrencer les grandes organisations. Le franchisé (celui qui bénéficie d'une franchise) a l'occasion de profiter de modes d'exploitation éprouvés, d'une publicité de masse, de marques de commerce bien connues et d'un soutien technique de la part du franchiseur (celui qui accorde une franchise). Les principales stratégies pour établir des franchises en Asie sont les suivantes.

L'établissement d'un maître-franchiseur

L'exportateur peut établir un maître-franchiseur en pays étranger. Il peut s'agir d'une organisation ou d'un individu chargé d'établir des franchises dans un pays ou une région donnée, telle que la région Asie-Pacifique. McDonald's et Kentucky Fried Chicken ont privilégié cette approche en Asie. Le maître-franchiseur peut gérer lui-même les franchises ou utiliser des sous-franchisés.

La formation d'entreprises en copropriété

Dans le cas d'entreprises en copropriété, le franchiseur s'associe à un partenaire étranger pour établir des franchises dans le pays visé. Des investissements financiers sont nécessaires de la part des deux parties. Dans ce cas-ci, l'homme d'affaires local est considéré comme un partenaire et non comme un franchisé. Les hôtels Hilton utilisent ce système de fonctionnement en Asie. Il y a nécessairement des avantages à s'associer à un partenaire local qui connaît les coutumes et les méandres de la bureaucratie de son pays.

L'octroi de licences

Les licences représentent l'autorisation d'exploiter un brevet d'invention par une entreprise. Elles ont une signification plus restrictive que les franchises. Les licences représentent un moyen intéressant d'acquérir et de profiter de la technologie étrangère.

L'entreprise qui octroie une licence signe un contrat avec une firme locale pour que celle-ci, en retour d'une redevance, puisse utiliser une marque de commerce, une invention, un produit ou un service. L'entreprise locale reçoit l'aide technique de l'entreprise lui ayant octroyé une licence qui lui permet de pénétrer les marchés étrangers. Coca-Cola a procédé de cette manière pour entrer sur les marchés asiatiques. Si aménager une filiale à l'étranger implique des investissements et des risques, l'établissement d'une licence n'en représente guère.

L'investissement direct

Dans le cas d'un investissement direct, le franchiseur fournit tous les fonds et gère directement en territoire étranger, en créant une nouvelle corporation. L'inconvénient d'une telle méthode réside dans le fait que **souvent les gouvernements asiatiques ne permettent pas des participations étrangères à 100 % dans leur pays** (les citoyens de l'endroit ne peuvent pas devenir propriétaires et leurs rôles se limitent à ceux d'employés)[6].

L'établissement de licences et de franchises représente une forme d'investissement populaire en Asie. Ces modes d'entrée dans les pays asiatiques sont d'excellents moyens de collaboration commerciale et constituent des véhicules de transfert technologique souples.

LES ALLIANCES STRATÉGIQUES

La collaboration industrielle peut toucher plusieurs domaines d'activité et prendre diverses formes, telles que l'assistance technique, l'octroi de licences, le développement conjoint de produits, le développement et la fabrication de produits qu'une autre entreprise achète et revend sous sa propre marque de commerce et la mise en marché conjointe de produits.

Une alliance est une association entre une entreprise locale et une entreprise étrangère dans le but de profiter mutuellement de leurs réseaux de vente déjà existants. Les alliances stratégiques incluent les entreprises en copropriété et l'octroi de licences et de franchises. Elles excluent les investissements directs et l'import-export de capitaux parce qu'ils ne font appel à aucune forme de partenariat.

Les alliances ont lieu souvent avec des concurrents. Ceux-ci utilisent le même réseau de ventes que celui que nous convoitons. Pour une entreprise québécoise, développer son propre réseau de vente à l'étranger pourrait se révéler financièrement onéreux, d'autant plus que l'entreprise locale qui couvre déjà le territoire y a de nombreux contacts, connaît bien les coutumes, la culture et la langue locales.

L'entreprise locale se chargera, sur son propre territoire, de la distribution des produits de son partenaire étranger avec qui elle a conclu une alliance. Les alliances stratégiques d'entreprises québécoises et canadiennes avec des partenaires asiatiques peuvent leur permettre d'avoir accès à un réseau de distribution et à une connaissance plus profonde du marché asiatique.

LES INVESTISSEMENTS EN PORTEFEUILLE DE CAPITAL

Les investissements en portefeuille de capital consistent en l'acquisition directe d'actions, d'obligations ou de tout autre titre en pays étranger. Ils peuvent être importants et permettre de contrôler l'entreprise étrangère ou de moindre importance et devenir simplement un moyen pour un investisseur québécois de diversifier ses placements.

Dans bien des pays d'Asie, les investissements en portefeuille de capital peuvent se faire directement sur les marchés boursiers. Il peut s'agir de placements sous forme de devises étrangères, de prêts, d'obligations de gouvernements ou d'actions ordinaires ou privilégiées de corporations ou d'organismes gouvernementaux.

LES ENTREPRISES EN COPARTICIPATION

Les entreprises en coparticipation ou coentreprises consistent en l'association d'au moins deux partenaires commerciaux partageant des ressources et des habiletés dans le but d'atteindre un objectif commun en créant une nouvelle corporation. Dans les coentreprises, les propriétaires contribuent aux avoirs sous forme d'argent, de transfert technologique, de personnel, d'immobilisations et d'équipement, et donnent accès à des marchés locaux.

Règle générale, **dans une coentreprise, la partie étrangère contribue sous forme de technologie et de pièces, puis se charge de la formation du personnel.** Le pays hôte fournit le terrain (en Chine, le droit d'utilisation des terres), les usines, la main-d'œuvre et les marchés.

Bien souvent, une simple stratégie d'exportation de produits ou de services québécois ou canadiens en Asie se révèle une approche insuffisante pour percer le marché asiatique. Une entreprise incapable de desservir le marché asiatique à partir du Québec à cause, par exemple, de frais de transport élevés peut vouloir produire sur place, tout en apportant une technologie qui lui est propre.

Les valeurs, le mode et le rythme de vie ne sont pas les mêmes en Asie qu'en Amérique du Nord, et il est important que les gens d'affaires canadiens en tiennent compte dans la gestion de la nouvelle corporation[7].

La coentreprise constitue une forme de collaboration industrielle susceptible de mettre les gens d'affaires étrangers à l'abri des mesures protectionnistes en établissant une filiale située près du marché. Elle permet également de se placer en dehors de la barrière tarifaire.

LES INVESTISSEMENTS DIRECTS

L'investissement direct constitue parfois la forme privilé-giée d'entrée sur les marchés étrangers des grandes multinationales. Celles-ci disposent de toutes les ressour-ces nécessaires pour un tel type d'investissement. General Motors a utilisé la méthode des investissements directs au Québec.

Un investissement direct consiste en une mise de fonds et en la gestion d'une filiale étrangère sans avoir recours à des partenaires locaux. Les sociétés issues d'un tel arrange-ment sont entièrement sous le contrôle étranger. Les investissements directs ne sont pas toujours très populaires. De plus, ils ne sont pas acceptés dans tous les pays, princi-palement dans les secteurs clés de leur économie locale.

LES ÉTAPES À SUIVRE AVANT DE FAIRE DES AFFAIRES EN ASIE

Les étapes à franchir par les exportateurs désireux de faire des affaires en Asie diffèrent suivant leurs besoins. Elles dépendent des moyens de leur entreprise, de leur expé-rience sur les marchés internationaux et de leur motivation à trouver de nouveaux débouchés pour leurs produits.

LES ÉTAPES À SUIVRE ET QUELQUES CONSEILS PRATIQUES

Il n'existe pas d'ordre rigoureux dans les étapes à suivre avant de faire des affaires à l'étranger. Comme c'est sou-vent le cas dans la gestion courante des affaires d'une entreprise, l'intuition est parfois aussi bonne conseillère qu'une démarche rationnelle.

Documentez-vous sur quatre ou cinq pays d'Asie susceptibles d'offrir des occasions d'affaires. Un dirigeant de PME québécoise qui songe à faire des affaires en Asie doit d'abord s'informer en lisant des revues ou des ouvrages spécialisés dans les affaires asiatiques. Il doit être au fait de ce qui se passe sur le plan international et plus particulièrement en Asie.

Il serait fastidieux d'étudier tous les pays d'Asie, et il est préférable de limiter l'étude à quatre ou cinq pays. Des données statistiques indiquant quels produits sont vendus dans ces pays peuvent être obtenues auprès du ministère des Affaires extérieures du Canada.

En plus de l'information à caractère économique, il est primordial que l'exportateur connaisse bien l'histoire, la culture, les coutumes et le mode de vie des gens des pays qui suscitent son intérêt. Ainsi, par exemple, dans des pays de culture à dominance chinoise, des produits emballés par groupes de trois se vendent mieux que par groupes de quatre. Le chiffre quatre, qui se prononce «soi» en chinois, a sensiblement la même sonorité que le mot «mort». Les groupes de quatre produits peuvent repousser certains acheteurs[8].

Entrez en contact avec des organismes canadiens sur place afin de sonder le marché

Les citoyens canadiens sont représentés par un haut-commissaire du Canada dans bien des pays d'Asie. Il est fréquent d'y retrouver aussi des représentants des gouvernements des diverses provinces et des représentants de la Chambre de commerce du Canada.

La mission de ces représentants est de renseigner les gens d'affaires canadiens sur les possibilités des marchés asiatiques et d'informer les gens d'affaires d'Orient sur les occasions existant au Canada. Il est souhaitable que vous preniez contact avec ces représentants et que vous les informiez de vos intentions en leur fournissant des données sur votre entreprise et vos produits.

Entrez en contact avec des organismes locaux d'aide aux gens d'affaires étrangers

Les gens d'affaires québécois peuvent s'adresser aussi à des organismes locaux à vocation économique et commerciale afin d'obtenir des informations complémentaires. Il est souhaitable que vous diversifiez vos sources d'information.

Identifiez un ou deux pays d'Asie propices au lancement de votre produit

Après avoir fait l'étude de quatre ou cinq pays asiatiques, vous devriez en cibler un ou deux plus particulièrement. Bien des PME ne disposent pas des ressources pouvant leur permettre une pénétration massive en Asie. Vous avez donc intérêt à concentrer vos efforts sur un ou deux territoires.

Publiez des textes dans des revues commerciales canadiennes destinées aux gens d'affaires étrangers

Bien des organismes canadiens à l'étranger publient des revues ou des lettres commerciales destinées aux gens d'affaires canadiens à l'étranger et aux gens d'affaires locaux. C'est le cas, notamment, du gouvernement du Québec, qui édite à Hong Kong le *Québec Update* et de la Chambre de commerce du Canada à Taiwan, qui publie la *Canada-Taiwan Business Review*.

Ces revues comprennent des rubriques, souvent publiées sans frais, cherchant à marier des gens d'affaires canadiens avec leurs homologues locaux. On y retrouve la

247

description de l'entreprise et le profil du partenaire ou de l'agent commercial recherché.

Préparez un document type

Vous pouvez préparer un document type et le soumettre aux représentants canadiens en poste à l'étranger ou aux organismes à vocation commerciale de ces pays. Ce document doit décrire votre entreprise, vos produits, le prix de chaque produit sur place, les conditions de paiement et, si possible, comprendre un échantillon de vos produits.

Élaborez un plan de commercialisation

En montant un dossier sur l'entreprise et ses produits à l'intention de représentants canadiens à l'étranger, l'entreprise peut préparer un plan à moyen terme précisant les produits à exporter et les marchés qu'elle désire conquérir. Ce plan lui donne la possibilité de clarifier les objectifs qu'elle poursuit, les étapes à suivre et les mesures à prendre. On y inclura un échéancier.

Entrez en contact avec des courtiers, des distributeurs, des agents ou des partenaires éventuels

Prendre contact avec des agents commerciaux à l'étranger aide à préciser davantage les débouchés pour les produits de votre entreprise. Ces contacts seront également utiles au cours d'une visite dans ces pays. Il vous est possible d'obtenir une liste d'agents potentiels auprès d'organismes canadiens en place à l'étranger ou auprès d'organismes locaux.

Rendez-vous en Asie et visitez certains pays

Il ne saurait être question pour un dirigeant d'entreprise nord-américaine d'effectuer des affaires en Asie sans jamais s'y être rendu. Il est souhaitable de visiter un certain nombre de pays d'Asie (ayant fait l'objet d'une étude préalable) afin de se familiariser avec le contexte sociopolitique, les coutumes et la culture.

Au cours de ce voyage, vous devez apporter le dossier de votre entreprise et de ses produits. Au retour, analysez les documents amassés au cours du voyage.

Établissez des contacts locaux compatibles

Les gens d'affaires canadiens devraient profiter de leur séjour en Asie pour établir des contacts compatibles et éviter, dans la mesure du possible, les rencontres inutiles. Il peut arriver qu'on nous oriente vers de mauvaises adresses où nous perdrons un temps précieux.

Participez à des activités sociales

Pendant votre séjour en Asie, nous vous recommandons d'accepter de participer à des activités à caractère social et même d'en organiser. Ces rencontres sont une tradition chez les gens d'affaires asiatiques.

Exposez votre produit dans des salles d'exposition

Avant votre départ pour l'Asie, apportez des échantillons de vos produits pour les salles d'exposition, dont certaines étaleront vos produits en permanence. **Ce type de promotion occasionne généralement peu de frais.**

Participez à des foires régionales

Les gens d'affaires en voyage en Asie auraient tout intérêt à profiter de leur séjour pour participer à des foires commerciales. La participation active à des foires régionales, notamment, celle de Guangzhou, en Chine, ou de Taipei, à Taiwan, donne une visibilité régionale aux produits canadiens. C'est également **une occasion de mettre en contact**

249

vendeurs et acheteurs, d'étudier les caractéristiques d'un marché, de vendre sur ce marché et de faire la promotion de son produit. La présence à des foires commerciales est une coutume répandue en Asie.

Effectuez une étude de marché et analysez la concurrence

Vous pouvez faire entreprendre une étude de marché par des organismes comme des associations de manufacturiers ou des chambres de commerce. Ces études sont souvent moins coûteuses que celles élaborées par des firmes professionnelles.

L'analyse de la concurrence permettra de constater si celle-ci réussit bien sur ce marché. Cette étude, qui peut parfois émaner de l'agent commercial s'il en a les ressources, doit tenir compte d'un certain nombre de facteurs pertinents.

ANALYSE DE LA CONCURRENCE

- Les prix de vente, incluant les frais de transport et les autres frais
- Les frais de représentation
- Le revenu de la population par habitant (le consommateur local doit avoir les moyens de se payer le produit)
- Le bassin de population (il doit être suffisant pour permettre une expansion)
- Vérifiez l'existence de droits d'importation (ces droits servent souvent à protéger les producteurs locaux)
- Vérifiez s'il existe des lois qui empêchent l'entrée du produit au pays
- Vérifiez les normes d'exportation (les mesures à utiliser, les détails à fournir sur les étiquettes, etc.)

De retour au pays, cultivez les contacts

En Asie, les contacts et l'amitié durent longtemps. De retour au pays, envoyez au partenaire éventuel une lettre de remerciements et les documents promis.

Répondez avec empressement à toute demande de renseignements

Il est essentiel que les exportateurs fassent preuve de diligence en répondant à toute demande d'information. Cet empressement servira à démontrer l'intérêt et le sérieux que vous portez au projet.

Choisissez un courtier, un distributeur ou un agent

Le voyage en Asie vous aura permis de rencontrer un certain nombre d'agents commerciaux. Une fois qu'une enquête a été menée et que vous avez choisi le courtier, le distributeur ou l'agent, il est important d'appuyer les efforts de celui-ci par un soutien technique (formation) et de l'informer sur tout développement subséquent du produit. Il faut visiter votre distributeur asiatique au même titre que vos distributeurs locaux et, éventuellement, l'inviter à visiter votre usine de fabrication au Canada.

Obtenez l'autorisation pour un investissement étranger

Cette autorisation peut être obtenue auprès d'un organisme gouvernemental compétent en la matière. Il vous est alors nécessaire de vous informer des modalités spécifiques aux investissements étrangers : politiques locales de rapatriement du capital et des profits en devises étrangères, taux d'impôt en vigueur et réductions éventuelles d'impôt pour les investisseurs étrangers.

Entreprenez des démarches pour obtenir une aide financière au Canada

Dans certaines conditions, une entreprise québécoise ou canadienne qui veut exporter ou s'implanter à l'étranger peut être admissible à des subventions provenant du gouvernement du Québec ou du Canada.

Entreprenez des démarches pour obtenir une aide financière du pays hôte

Certains pays offrent des subventions aux investisseurs étrangers, tant pour les investissements directs que pour les entreprises en coparticipation. Vous devez vous informer à ce sujet auprès d'un organisme compétent, tel que le ministère des Affaires économiques du pays hôte.

Ces organismes fournissent habituellement des conseils de départ et effectuent un suivi des affaires des nouveaux investisseurs étrangers. Ils organisent également des rencontres avec les investisseurs étrangers recherchant des partenaires locaux.

Tentez d'obtenir un appariement avec un partenaire local

Des gens d'affaires étrangers peuvent trouver avantageux de s'associer à des partenaires asiatiques, tant pour ce qui est des franchises et de la distribution que de la fabrication et de l'assemblage.

Il faut alors trouver un partenaire local compatible. Des organismes canadiens à l'étranger ou locaux effectuent souvent, pour le compte de gens d'affaires étrangers, un rapprochement à l'aide de listes, parfois informatisées, contenant les coordonnées de divers partenaires éventuels.

Obtenez des étiquettes de produits en chinois

Les citoyens de tous les pays ont leur fierté nationale. Les étiquettes d'un produit doivent nécessairement être imprimées dans la langue locale. Cette façon d'agir sera considérée comme une marque de respect par les clients asiatiques.

Faites preuve de patience

Pour les Asiatiques, le développement de bonnes relations est plus important que le contrat d'affaires qui peut en découler. Vous devez donc faire preuve de patience afin de développer des relations durables.

UNE DÉMARCHE SUR MESURE POUR LES PME

Pour bien des PME, l'entrée sur les marchés étrangers semble complexe, et la tâche, souvent insurmontable. En outre, les PME sont en général sous-capitalisées et possèdent peu d'expérience des marchés internationaux.

Contrairement aux grandes entreprises, elles ont de la difficulté à s'offrir de coûteuses études de marché en pays étranger et de faire appel à des techniques de pénétration massive. De plus, si le produit est nouveau sur ces marchés, il n'existe pas de données commerciales à ce sujet.

Dans un tel cas, **la solution la plus avantageuse consiste, bien souvent, à adopter la méthode de l'essai et de l'erreur en mettant le produit sur les marchés étrangers avec un minimum d'études préalables.** Vous devez alors procéder par étapes successives, mais rapidement. C'est une stratégie qui occasionne peu de frais. Faire appel à un distributeur sur place peut se révéler aussi un procédé peu onéreux.

Bien des PME doivent se trouver une niche spécialisée en minimisant leurs frais. Pour pénétrer les marchés asiatiques, elles doivent utiliser des procédés non traditionnels, peu systématiques et, par conséquent, peu orthodoxes. Voici la démarche que nous vous proposons de suivre dans de telles circonstances.

1. Utilisez des renseignements informels

Puisez vos renseignements tous azimuts. Cette information peut vous permettre de flairer des occasions d'affaires qui n'auraient pu être découvertes qu'après d'onéreuses études.

2. Amenez les clients étrangers à entrer en contact avec votre entreprise

Si votre produit est nouveau pour eux, une simple annonce dans un journal d'affaires du pays étranger peut inciter certains clients éventuels ou agents commerciaux à vous adresser des demandes de renseignements additionnels.

3. Démarrez avec simplicité

Passer à l'action tout simplement et tout de suite peut parfois être la meilleure recette de succès. Expédiez le plus tôt possible, à un intermédiaire établi sur place, des échantillons ou un dossier sur votre entreprise et vos produits. Celui-ci a déjà son réseau de distribution et ses clients peuvent devenir les vôtres.

4. Allez immédiatement sur place réaliser le projet

Rendez-vous directement sur place avec un minimum de préparation. Sans hésitation, sautez dans le prochain avion. Vous pourrez alors mettre immédiatement en place les mécanismes pour vendre votre produit. C'est de cette manière qu'un homme d'affaires américain a introduit au Japon le *«Truffle Cookie»* (avec succès!).

5. Utilisez l'enquête de marché de type «promenade»

Une fois en pays étranger, promenez-vous dans les rues d'une ville et, tout en visitant les magasins, observez ce que vous n'y trouvez pas et ce qui pourrait y être vendu.

En visitant les grands magasins, vous pourriez aussi envisager la manière dont le produit de votre entreprise pourrait y être présenté dans les étalages. C'est par cette méthode qu'un homme d'affaires américain a introduit les *«Paul Newman's Own Spaghetti Sauce»* en Finlande.

6. Faites appel à un agent pour l'étude de marché

Un distributeur du pays hôte peut se révéler une façon peu coûteuse de pénétrer le marché asiatique, puisqu'il sondera le marché pour vous. Il faut, dans ce cas-là, lui fournir tout le matériel publicitaire nécessaire et les renseignements techniques sur votre produit.

7. Rentabilisez votre présence à une foire commerciale

Bien des gens d'affaires oublient souvent que **les ventes préliminaires au cours d'une foire commerciale à l'étranger peuvent parfois permettre de rembourser les frais de représentation** d'une visite de prospection.

Plusieurs ont lancé leurs produits à l'étranger de cette manière. Ils ont d'abord effectué des ventes directes auprès d'acheteurs locaux au cours d'un voyage ou d'une foire commerciale. Par la suite, ils ont eu recours à un agent local. Puis, si le chiffre des ventes le justifiait, ils ont mis en place un bureau d'affaires. Ensuite, certains d'entre eux ont choisi d'assembler ou même de fabriquer leurs produits sur place.

8. Adoptez l'approche «je résous vos problèmes»

Bien des clients étrangers souhaitent qu'on solutionne leurs problèmes en leur offrant un produit ou un équipement répondant à leurs besoins. Cette approche est particulièrement efficace dans le domaine des services, tels que le contrôle de la pollution, l'équipement industriel et bien d'autres[9].

MONTEZ UN DOSSIER SUR L'ENTREPRISE ET SES PRODUITS

Si vous avez l'intention d'exporter vos produits, vous devez être en mesure de présenter une image positive de votre entreprise afin d'inspirer confiance à vos homologues asiatiques. C'est pourquoi il est essentiel de monter un bon dossier sur votre entreprise et vos produits avant même de songer à négocier. Vous devez monter votre dossier en anglais, deuxième langue utilisée en Asie après le chinois.

Dossier sur l'entreprise

Un dossier bien préparé est un premier pas permettant de refléter une bonne image de votre entreprise. Un tel dossier est également utile pour présenter votre entreprise et vos produits à des délégués commerciaux du Canada en poste à l'étranger, aux divers organismes commerciaux des pays hôtes et à d'éventuels agents commerciaux, courtiers ou distributeurs.

Un dossier bien préparé démontrera le sérieux de votre démarche et pourra convaincre les Asiatiques de votre disposition à bien desservir ce marché.

PRINCIPAUX ÉLÉMENTS DU DOSSIER SUR L'ENTREPRISE

LA COMPÉTENCE DE LA DIRECTION

- Ses succès antérieurs
- Sa formation

LES FINANCES

- La situation financière de votre entreprise (états financiers, références bancaires)
- Vos succès sur le marché québécois ou canadien (le volume des ventes sur le marché intérieur)

LA PRODUCTION

- La description et des photos de vos installations (le site de votre usine, le nombre de vos employés, votre capacité de production et le modernisme de votre équipement)
- Le niveau de formation de vos travailleurs
- La capacité de votre entreprise à adapter son produit au goût de la clientèle locale
- Votre préoccupation pour la qualité

LE MARKETING

- Le soutien publicitaire que vous mettrez à la disposition de l'agent commercial
- Les visites projetées de clients de la part de certains membres de votre personnel, comme des ingénieurs

Dossier sur les produits

Les éléments du dossier qui concernent les produits de votre entreprise doivent comprendre des données sur la promotion, le prix et le service après-vente.

PRINCIPAUX ÉLÉMENTS DU DOSSIER SUR LES PRODUITS

LES PRODUITS

- Marque et description de vos produits ainsi que leurs usages

- Intention de changer éventuellement la marque et la couleur de vos produits afin de les adapter aux particularités culturelles du pays

- Intention de traduire les fiches techniques de vos produits dans la langue du pays

- Description des utilisateurs actuels de vos produits

- Échantillons

- Information sur les mesures de contrôle de la qualité de vos produits

LA PROMOTION

- Dépliants publicitaires pouvant être expédiés par la poste

- Qualité de l'emballage dans la langue du pays (le genre d'emballage utilisé, les dimensions du contenant)

- Moyens de promotion actuels

- Réseaux de distribution actuels

LE PRIX

- Économies d'échelle

- Mécanismes d'allocations des ristournes

- Commandes (minimum exigé et délais de livraison)

- Paiements (délais, lettres de crédit)

- Garanties rattachées à votre produit

- Politique de remplacement rapide de vos produits jugés insatisfaisants

- Délais de livraison plus rapides risquant d'accroître les frais de transport

- Assurances

- Frais d'entreposage

- Conditions de crédit

LE SERVICE APRÈS-VENTE

- Réserve gratuite de pièces de rechange

- Conditions du service après-vente

- Formation sur le fonctionnement et l'entretien de votre produit

Votre entreprise dispose déjà de plusieurs documents du dossier. C'est le cas, notamment, des dépliants publicitaires et des fiches techniques. Ces documents doivent être imprimés en anglais.

L'ART DE NÉGOCIER EN ASIE

Négocier fait partie des activités courantes de toutes les entreprises. Celles-ci négocient avec leurs clients, leurs fournisseurs, leurs employés, les syndicats et divers organismes gouvernementaux.

Négocier est un art. En Asie, les exportateurs québécois doivent non seulement maîtriser cette pratique, mais tenir compte de la culture locale et de la manière particulière de traiter des affaires. En règle générale, lorsque vous devez négocier, la première règle à respecter est de bien maîtriser votre dossier, d'avoir une préparation adéquate et d'**éviter toute improvisation.**

1. Obtenez de l'information sur le marché cible

Obtenez le plus d'information possible sur le marché cible et sur les caractéristiques des consommateurs.

2. Obtenez de l'information sur les concurrents

Il est important de connaître les caractéristiques des concurrents et d'évaluer la compétition locale et internationale. Vous devez connaître le prix et les particularités de leurs produits.

3. Déterminez les réseaux de distribution utilisés

Familiarisez-vous avec les réseaux de distribution généralement utilisés pour un produit de votre secteur industriel. Soyez également à l'affût des outils promotionnels utilisés localement.

4. Assurez-vous d'avoir la capacité de production requise

Au cours d'une négociation, vous devez pouvoir démontrer à vos clients éventuels que vous avez la capacité requise pour produire les quantités demandées, et respecter les délais de livraison et les normes de qualité locales.

5. Préparez un plan de négociation

Préparez un plan de négociation comprenant une liste des points considérés comme importants. Formulez des contre-propositions au cas où il y aurait des obstacles et des changements à votre plan initial. Ce plan doit également inclure une liste des avantages de vos produits.

6. Déterminez le prix du produit arrivé à destination

Préparez une échelle variable de prix qui tienne compte des frais de transport, des remises sur quantité, des taxes d'accises et des commissions du courtier ou de l'agent commercial.

Il est important de se rappeler que le prix du produit n'est qu'un aspect de la négociation. Il influence souvent tout le processus de négociation, et bien des fournisseurs vont faire des compromis trop tôt concernant les prix. Ils mettent alors de côté d'autres aspects importants de leur pouvoir de négociation, comme les avantages de leur produit, leur expérience dans le secteur, la réputation de leur marque de commerce, le style unique de leur produit et leur réputation quant à la qualité. Le prix devrait être l'un des aspects traités à la fin de la négociation. Dans toute transaction, les éléments non reliés au prix représentent généralement plus de 75 % de l'effort total de négociation.

Dès le début de la discussion, l'importateur (acheteur) peut rechigner sur le prix uniquement pour se donner un avantage de départ auprès de l'exportateur (fournisseur) et obtenir ainsi des concessions sur d'autres aspects importants de la négociation. L'exportateur devrait alors reprendre la discussion sur des aspects non pécuniaires de la négociation et faire valoir les avantages de son produit. Il ne doit surtout pas adopter une attitude défensive.

Enfin, dès le départ, **bien des exportateurs ont tendance à gonfler leur prix de vente afin de disposer d'une**

marge de manœuvre au cours des négociations. L'inconvénient d'une telle stratégie est de focaliser tout de suite la discussion sur le prix et de reléguer les autres aspects de la discussion au second rang. Plusieurs éléments doivent être considérés au cours d'une négociation sur le produit.

NÉGOCIATION SUR LE PRODUIT

LES PRIX

- Réduction sur les achats subséquents

- Ristournes

- Délais de livraison plus rapides risquant d'accroître les frais de transport

- Assurances

- Coûts d'entreposage

- Nature de la devise devant servir au paiement

LA PROMOTION

- Documents promotionnels dans la langue de l'acheteur

LE SERVICE APRÈS-VENTE

- Réserve gratuite de pièces de rechange

- Service après-vente gratuit

LES RELATIONS AVEC L'AGENT COMMERCIAL

- Formation gratuite sur le fonctionnement et l'entretien de votre produit

- Bonnes conditions de crédit

- Exclusivité du marché

- Taux de commission compétitif

- Contrat de distribution à long terme[10]

Rappelez-vous que tout changement de l'un ou l'autre de ces éléments doit se refléter sur les prix à la hausse ou à la baisse de votre produit.

PRÉPAREZ BIEN VOTRE VOYAGE

Si vous en êtes arrivé à la conclusion que votre entreprise dispose des ressources nécessaires pour lui assurer une présence sur les marchés asiatiques, vous devez songer à vous rendre sur les lieux et à visiter les marchés convoités. Il est alors important de bien planifier chaque étape de votre voyage.

Avant le départ

Précisez les objectifs du voyage. Demandez-vous pourquoi vous allez en Asie? Pour effectuer une étude préliminaire du marché, pour établir des premiers contacts ou pour y rencontrer des agents commerciaux?

Établissez un calendrier de voyage. Ce calendrier précise la date de votre départ, la durée de votre séjour dans les pays et les villes à visiter de même que la date de votre retour.

Déterminez les participants du voyage. Il convient d'identifier dès le début quels sont les membres de l'entreprise qui participeront au voyage.

Établissez un budget de voyage. Ce budget doit inclure les frais de transport, de séjour à l'hôtel, de repas, de taxi, etc.

Tentez d'obtenir une subvention de voyage. Moyennant certaines conditions, des entreprises québécoises ou canadiennes peuvent bénéficier de subventions pour leur participation à des délégations, à des foires internationales ou à des salons commerciaux.

Obtenez des renseignements généraux sur le pays. Bien souvent, une agence de voyage peut vous fournir des renseignements précieux sur les taux de change des pays à visiter et sur certaines coutumes locales, comme les pourboires.

Établissez un calendrier des rencontres. Assurez-vous que la majorité des rencontres ont été planifiées avant le départ du Canada. Il est parfois long et difficile d'obtenir des rendez-vous sur place.

Ayez une bonne réserve de cartes professionnelles. L'échange de cartes professionnelles est une coutume établie dans les pays d'Asie. Si la chose est possible, faites imprimer vos coordonnées dans la langue du pays au verso de vos cartes.

Réservez les billets d'avion et les chambres d'hôtel. Dans certaines villes importantes d'Asie, le taux d'occupation des hôtels est très élevé. Il est parfois difficile de réserver un bon hôtel sur place.

Assurez-vous d'avoir un passeport valide et les visas requis. N'attendez pas à la dernière minute pour obtenir ces documents. Les visas sont parfois longs à obtenir (au moins deux semaines pour un passeport et parfois un mois ou plus pour un visa).

Procurez-vous des chèques de voyage. Les chèques de voyage sont facilement négociables en Asie, et la plupart des cartes de crédit sont acceptées. Il serait cependant sage de vous procurer, avant le départ, au moins l'équivalent de 50 dollars en monnaie du pays d'arrivée. Souvent les chauffeurs de taxi n'acceptent que la monnaie locale.

Prévenez les délégués commerciaux des ambassades canadiennes des pays visités. Les délégués commerciaux ont de nombreux contacts et connaissent plusieurs agents commerciaux qui œuvrent à l'intérieur de leur territoire. Ils peuvent organiser des rencontres à votre intention avant votre arrivée.

Apportez votre dossier sur l'entreprise et ses produits. Assurez-vous d'avoir en main un certain nombre de copies du dossier sur l'entreprise et ses produits.

Pendant le séjour

Accordez-vous un peu de détente à votre arrivée. Le décalage horaire est important entre l'Amérique et l'Asie, et une journée ou deux de détente peuvent vous permettre de refaire le plein d'énergie. **Il est important d'être frais et dispos avant de rencontrer des gens d'affaires étrangers et de négocier.** Quelques promenades à pied vous permettront de vous familiariser avec les gens, les lieux et les coutumes locales.

Rendez-vous le plus tôt possible à l'ambassade du Canada. La première personne à rencontrer à votre arrivée dans un pays asiatique est le délégué commercial à l'ambassade du Canada. Dans bien des cas, il vous fera un «*briefing*» des actualités du pays, d'un point de vue canadien, ce qui vous aidera grandement pour vos rencontres subséquentes avec vos homologues asiatiques.

Respectez vos heures de rendez-vous. Il est préférable d'arriver plus tôt à un rendez-vous qu'en retard. C'est pourquoi il convient de prévoir plus de temps qu'il n'en faut pour se déplacer de l'hôtel à un lieu de rendez-vous. Il peut être difficile de trouver un taxi au moment voulu, et la circulation urbaine peut être difficile.

Remettez une carte professionnelle à chacune des personnes rencontrées. Au cours des échanges de cartes, recevez celle de vos homologues avec respect et, surtout, sachez la conserver précieusement. Les cartes profession-nelles renferment des renseignements qui vous seront utiles à votre retour au pays.

Prenez des notes pendant vos rencontres. Lorsqu'on ne prend pas de notes sur place, on risque d'oublier des détails importants de la rencontre. S'il vous est impossible de le faire pendant vos rencontres, astreignez-vous à cet exercice en rentrant à votre hôtel.

Acceptez et même provoquez des rencontres sociales. Les rencontres en dehors du cadre des affaires revêtent une importance chez les gens d'affaires asiatiques.

Visitez des points de vente de produits similaires. De telles visites peuvent vous donner des indices sur les caractéristiques des produits concurrents et sur la façon dont votre produit peut s'insérer parmi les autres.

Identifiez des agents commerciaux. Votre séjour dans un pays asiatique peut se révéler une bonne occasion pour amorcer les premiers contacts avec des agents commerciaux.

Reconfirmez votre voyage de retour. Bien qu'une date de retour ait été fixée avant votre départ et qu'une confirmation ait été faite, il est indispensable en Asie de reconfirmer votre retour. Le service de la réception de l'hôtel où vous séjournez peut se charger de cette corvée pour vous.

Allouez-vous quelques jours de repos avant votre retour. Ce moment de repos vous permettra de faire le point sur votre voyage et de connaître encore mieux le pays.

De retour au pays

Maintenez le contact avec vos homologues asiatiques. Dès votre retour, remerciez par écrit les personnes qui vous ont accordé un rendez-vous pendant votre voyage.

Faites parvenir les renseignements complémentaires demandés. Il est important de ne pas tarder et de faire parvenir le plus tôt possible tous les renseignements complémentaires que vous avez promis.

Faites un suivi de toutes les occasions d'affaires. Envoyez des estimations, des échantillons et des projets de modification à votre produit à vos partenaires éventuels.

CONCLUSION

Les gens d'affaires québécois et canadiens qui désirent se lancer sur les marchés internationaux peuvent le faire à la suite d'études rigoureuses et parfois coûteuses. Cette démarche peut même conduire à des investissements directs ou à l'établissement d'entreprises en copropriété.

Ils peuvent aussi utiliser une démarche simple et se limiter aux exportations. Il n'ont alors qu'à se rendre sur place (Hong Kong, Taiwan, Singapour, Chine) avec leurs dossiers et quelques échantillons en main et mettre en place les mécanismes pour vendre leur produit. Bien d'autres gens d'affaires québécois ont d'ailleurs déjà utilisé cette démarche avec succès. Un peu de détermination et le goût de sortir des sentiers battus sont parfois suffisants pour réussir.

NOTES

1. HOLZINGER, A.G., «Reach New Markets», *Nation's Business*, décembre 1990, pp. 18-27.

2. AFFAIRES EXTÉRIEURES CANADA, *Choix et utilisation d'un agent commercial aux États-Unis*, Ottawa, p. 7.

3. KORTH, C.M., *International Business : Environment and Management*, New Jersey, Prentice-Hall Inc, 1985, pp. 400-402.

4. GORDON, J.S. et ARNOLD, J.R., *Profitable Exporting : A Complete Guide to Marketing Your Products Abroad*, NY, John Wiley & Sons, 1988, pp. 46-75.

5. AFFAIRES INTERNATIONALES, *La Filière de l'exportation*, Québec, pp. 1-47.

6. CHAN, P.S. et JUSTIS, R.T., «Franchise Management in East Asia», *Academy of Management Executive*, vol. 4, n° 2, 1990, pp. 75-84.

7. HARRIGAN, K. R., «Why Joint Ventures Fail», *Euro-Asia Business Review*, vol. 6, n° 3, juillet 1987, pp. 20-25.

8. SMITH, A.E. et GABRIEL, G., «American Premium», *Success*, avril 1991, pp. 39-43.

9. VAN HORN, Mike, «Market-Entry Approaches for the Pacific Rim», *Journal of Business Strategy*, mars-avril 1990, pp. 14-19.

10. SINGAPORE INTERNATIONAL CHAMBER OF COMMERCE, «Economic Bulletin», *SICC*, vol. 20, octobre 1991, p. 27.

CONCLUSION

Il existe de nombreux facteurs pouvant influencer le choix d'un marché étranger. D'une manière générale, l'analyse du risque à propos d'un pays étranger porte sur les aspects politiques, légaux, économiques et socioculturels.

Exporter ou investir dans une nation étrangère ne représente pas que des avantages. Une telle démarche demande du temps et des déplacements qui peuvent s'avérer coûteux. De plus, certains produits sont susceptibles de nécessiter des modifications pour répondre aux exigences légales du pays ou aux besoins des consommateurs.

La méconnaissance des marchés oblige les gens d'affaires québécois à se familiariser avec de nouvelles normes et réglementations et avec de nouvelles coutumes. Les frais de transport en direction de pays éloignés peuvent augmenter considérablement le prix de vente du produit, et les délais de paiement peuvent être plus longs[1].

ÉLÉMENTS À CONSIDÉRER AVANT DE FAIRE UN CHOIX

La décision d'exporter ou d'investir dans un pays asiatique nécessite parfois une étude approfondie de l'économie locale et de la situation politique. Voici les éléments importants que vous devez considérer avant de prendre une décision.

Le niveau de développement du pays : est-il industrialisé ou en voie de développement? Un pays en voie de développement dispose de moins de ressources et n'achète

pas les mêmes produits et services qu'un pays industrialisé.

La stabilité politique du pays : avez-vous évalué les forces et les faiblesses du système politique? L'idéologie et les
politiques du parti au pouvoir sont également des points
importants, ainsi que la force et les orientations des partis
d'opposition.

L'efficacité, la flexibilité et le degré de bureaucratie de
l'appareil gouvernemental sont également des aspects à
considérer. Sur le plan international, il est nécessaire de
tenir compte de la nature des relations du pays étudié avec
ses partenaires et avec le Canada, de même que des risques
que représentent les pays avoisinants.

Les risques légaux : existe-t-il des restrictions face aux
produits étrangers? La réglementation par rapport à ces
produits est-elle sévère? Il faut s'assurer de l'existence ou
non de contrôles et de la possibilité de convertir facilement
la devise locale. Il est essentiel de s'assurer qu'on peut ra-
patrier les capitaux et les profits.

Les facteurs suivants sur **la situation économique** d'un pays
faisant l'objet de votre étude sont importants à considérer.

- Croissance économique

- Diversification de l'économie

- Politiques fiscales

- Surplus ou déficit gouvernemental

- État de la balance des paiements

- Situation du commerce international

- Politiques par rapport aux exportations et aux investissements étrangers

- Force et stabilité de la devise locale

À propos du marché, il faut considérer le PNB par habitant (le revenu disponible des habitants, après les impôts et les frais de subsistance) qui permet de déterminer le genre de produits que les habitants sont susceptibles d'acheter. **L'importance de la population et du marché potentiel s'avère aussi important.** Certains pays bénéficient d'un important PNB par habitant, mais ont une faible densité de population, ce qui limite le marché potentiel. S'il existe des **concurrents locaux**, votre produit doit alors avoir des caractéristiques qui le différencient.

À propos du produit, il faut déterminer en quoi votre produit se **différencie** des autres. Votre produit a-t-il des avantages techniques, de prix et de qualité sur celui des concurrents? Quelle est **l'importance relative de la demande** pour votre produit? Votre produit ou son emballage doivent-ils subir des **modifications pour mieux satisfaire les consommateurs étrangers**? Ainsi, par exemple, en ce qui concerne les appareils électriques, est-il nécessaire de convertir le courant de AC à DC? Les spécifications techniques de votre produit répondent-elles aux normes locales? Dans le cas d'un produit nouveau dans l'esprit des consommateurs d'un pays, il faut effectuer des tests de marché et s'assurer qu'ils sont concluants.

Les **prix** de vos produits sont-ils **compétitifs** par rapport à ceux de vos concurrents? La **marge de profit** est-elle intéressante, une fois qu'on a tenu compte des frais de transport et des droits d'accises? Quelles sont les conditions de vos concurrents quant à la **remise sur quantité** et aux **délais de paiement**?

En ce qui concerne la distribution, le réseau de transport commercial est-il développé et efficace? Quels sont les meilleurs moyens d'y acheminer la marchandise?

Les **communications avec le Canada** sont-elles efficaces? Qu'en est-il des communications intérieures?

Quels sont les **réseaux de distribution** utilisés par vos concurrents? Le produit peut-il être **entreposé adéquatement** une fois arrivé à destination?

Quels sont les **supports publicitaires** utilisés par la concurrence? Existe-t-il au pays des **foires industrielles** et des **salons commerciaux**?

De quelle manière faut-il **emballer le produit** et **quelle quantité** faut-il inclure dans chaque contenant?

Les facteurs économiques et politiques susceptibles d'influencer une décision d'investissement sont nombreux. Malgré une étude exhaustive, une décision d'investissement n'est pas nécessairement meilleure pour autant. **Ce qui est important, ce n'est pas d'apporter des réponses à toutes les questions qu'on peut se poser, mais de se poser les bonnes questions.**

FAIRE DES AFFAIRES EN CHINE, À HONG KONG, À TAIWAN OU À SINGAPOUR

La décision d'exporter ou d'investir en Chine, à Hong Kong, à Taiwan ou à Singapour peut reposer sur des facteurs rationnels (conditions économiques et politiques du pays, culture, occasions d'affaires, etc.).

Une décision comporte aussi un aspect parfois émotif et qualitatif. **Certains exportateurs peuvent prendre une décision à cause de l'attrait exercé par la culture d'un pays, d'autres, à cause de son folklore et de son exotisme ou, enfin, parce que le pays exerce une fascination.**

Données économiques

Voici les données quantitatives les plus pertinentes pour chacun des pays étudiés ainsi que les facteurs positifs et négatifs devant être considérés dans une perspective d'investissement.

DONNÉES CRITIQUES POUR CHAQUE PAYS (1991)[2]

Pays	Population (millions)	Revenu par habitant en $ US	Taux de croissance du PIB (1981-1991)	Taux d'inflation	Taux de chômage
Chine	1 240	314	8,7 %	6,7 %	n.d.
Hong Kong	5,9	13 729	6,6 %	8,6 %	1,5 %
Taiwan	20,5	8 529	7,7 %	3,2 %	1,7 %
Singapour	2,8	4 286	7,1 %	4,1 %	1,9 %

(Source : Banque Royale du Canada, *Econoscope*, juin 1992.)

Ces pays ont en commun un taux de croissance économique élevé, un faible taux de chômage et ils sont compétitifs. Selon le *Rapport annuel sur la compétitivité mondiale* de septembre 1994, préparé par l'Institut du développement de la gestion, basé à Lausanne, les États-Unis auraient repris la première place sur le plan de la compétitivité. Ils seraient suivis de Singapour, du Japon, de Hong Kong et de l'Allemagne. Le Canada se classe 16e à ce chapitre. Deux des petits dragons (Hong Kong et Singapour) se classent parmi les trois premiers. Leurs coûts de production peu élevés et leur vitalité seraient des facteurs expliquant leur excellente performance.

Afin d'avoir une idée de l'importance des données économiques de ces pays, il peut être intéressant de les comparer avec celles du Canada.

Facteurs favorables et défavorables

La lecture des facteurs favorables et défavorables propres à chaque pays nous permet de constater qu'ils ont plusieurs points en commun. En effet, Hong Kong, Taiwan et Singapour ont tous trois une faible population et consti-

273

DONNÉES ÉCONOMIQUES SUR LE CANADA (1991)

Population	26,9 millions
Croissance démographique	0,8 %
PNB par habitant	21 750 $
Croissance du PNB	- 0,2 %
Exportations	127,8 milliards $ US
Importations	149,0 milliards $ US
Dette étrangère	149,0 milliards $ US
Inflation	4,4 %

tuent un marché interne de faible taille. Ils représentent malgré tout un marché intéressant étant donné leur revenu par habitant assez élevé. Leur main-d'œuvre est hautement qualifiée, et ils font tous face à une pénurie de travailleurs.

La stratégie économique de ces trois pays vise à favoriser le développement d'industries à haute valeur ajoutée, et leurs économies dépendent en grande partie des exportations.

Hong Kong et Singapour sont des plaques tournantes mondiales sur le plan des affaires et servent tous deux d'entrepôt mondiaux pour des biens en transit vers d'autres marchés.

Finalement, l'accroissement des revenus personnels dans chacun des pays étudiés, y compris la Chine, a conduit à de nouveaux besoins et à de nouvelles occasions d'affaires pour les investisseurs étrangers.

CHINE

FACTEURS AVANTAGEUX

- Croissance économique soutenue
- Immense marché potentiel
- Taux de croissance élevé du PNB
- Main-d'œuvre bon marché
- Tendance à la libéralisation de l'économie
- Faible concurrence pour certains produits occidentaux
- Excellentes occasions d'investissement lorsque le produit est susceptible d'être réexporté
- Tenue d'une foire industrielle importante à Guangdong

FACTEURS DÉSAVANTAGEUX

- Faible revenu par habitant
- Pressions inflationnistes
- Impossibilité de convertir la monnaie locale
- Nécessité de faire face à une bureaucratie importante
- Main-d'œuvre pas toujours ajustée aux nouveaux développements technologiques et infrastructure déficiente
- Difficulté de communiquer en anglais
- Réseau de distribution archaïque
- Parfois nécessaire de passer par Hong Kong pour avoir accès aux marchés
- Dégradation importante de l'environnement
- Déboires de l'industrie hôtelière après les événements de Pékin en 1989

HONG KONG

FACTEURS AVANTAGEUX

- Revenu par habitant relativement élevé
- Taxes et impôts maintenus au minimum
- Marché potentiel intéressant malgré une faible population
- Main-d'œuvre hautement qualifiée
- Facilité de communiquer en anglais
- Chômage presque inexistant
- Investissements massifs prévus en infrastructure dans les années à venir
- Pleine expansion des secteurs des services et des finances
- Excellente infrastructure et réseau de communication hors pair
- L'une des économies les plus libres du monde
- Importants incitatifs à l'investissement
- Présence de réseaux de distribution efficaces
- Nombreux supports publicitaires
- Position stratégique de Hong Kong (plaque tournante du marché asiatique)

FACTEURS DÉSAVANTAGEUX

- Taux de croissance peu important de la population
- Influence de la situation économique de la Chine et des États-Unis sur les exportations de Hong Kong
- Inflation élevée
- Rareté de la main-d'œuvre
- Présence de nombreux concurrents internationaux
- Infrastructure routière congestionnée
- Retour éventuel de Hong Kong à la RPC crée une inquiétude

TAIWAN

FACTEURS AVANTAGEUX

- Bassin de population assez élevé
- Revenu par habitant important
- Bon taux de croissance du PNB
- Facilité de communiquer en anglais
- Chômage presque inexistant
- Investissements massifs prévus en infrastructure
- Accroissement des exportations de machinerie et de produits électroniques
- Ouverture des portes aux investissements étrangers
- Réserve de devises étrangères énorme
- Accroissement des échanges avec la Chine communiste
- Présence de réseaux de distribution efficaces
- Main-d'œuvre hautement qualifiée et motivée
- Tenue d'une foire internationale importante à Taipei

FACTEURS DÉSAVANTAGEUX

- Diminution des exportations, les plus touchées étant celles des vêtements et des chaussures
- Infrastructure routière actuellement déficiente
- Dégradation importante de l'environnement
- L'épée de Damoclès que représente la Chine communiste sur Taiwan

SINGAPOUR

FACTEURS AVANTAGEUX

- Grande stabilité politique
- Marché extérieur diversifié
- Peu de risques légaux
- Croissance importante du produit national brut (PNB)
- Revenu par habitant assez élevé
- Investissements importants dans l'infrastructure
- Main-d'œuvre hautement qualifiée
- Facilité de communiquer en anglais
- Chômage presque inexistant
- Singapour profite de la croissance de ses voisins d'Asie du Sud-Est
- Excellente infrastructure
- Généreux incitatifs à l'investissement
- Réseaux de distribution efficaces
- Système financier hors pair
- Aucune dette extérieure ou presque

FACTEURS DÉSAVANTAGEUX

- Faible bassin de population
- Coûts de main-d'œuvre élevés
- Faible diminution de la croissance économique
- Présence de nombreux concurrents internationaux

Les conditions politiques et économiques d'un pays sont des facteurs décisionnels importants pour les exportateurs désireux d'investir. Il en est de même des incitatifs aux investissements offerts par les pays hôtes. Il peut arriver que des investisseurs étrangers utilisent un pays tiers pour pénétrer le marché souhaité. Ainsi, par exemple, Hong Kong peut devenir une porte d'entrée pour la Chine communiste.

Un investisseur québécois peut vouloir profiter de la longue expérience internationale de Hong Kong et de son important marché de capitaux pour faire une percée dans toutes les régions asiatiques, et même dans le monde entier.

Le Japon a été le premier pays d'Asie à tracer les voies de l'exportation. C'est aujourd'hui le plus important fournisseur de capitaux de toute l'Asie. Un nouveau groupe de pays a suivi : les quatre petits dragons (Corée du Sud, Taiwan, Singapour et Hong Kong). Malgré le fait qu'ils disposaient de peu de ressources naturelles, ils ont connu des succès éclatants.

À l'heure actuelle, un nouveau groupe de pays combatifs est en train de se frayer un chemin et se cherche un créneau dans le marché mondial grandissant : le Brunéi, l'Indonésie, la Malaisie, les Philippines et la Thaïlande (membres de l'ANSE). Ces pays ont l'avantage de disposer d'une main-d'œuvre abondante, bon marché et assez bien instruite. Contrairement aux quatre petits dragons qui doivent recourir aux États-Unis pour vendre leurs produits, ces derniers n'ont qu'à les exporter vers d'autres pays d'Asie plus riches qu'eux.

M. Doug Nevison, chercheur au Conference Board, estime que «la ceinture pacifique représente les meilleurs espoirs de nouveaux marchés et de croissance à l'exportation pour le Canada». Il poursuit en indiquant que «la région Asie-Pacifique est sur le point de connaître un important boum dans la construction et la consommation» (PC, mai

1994). **Les gens d'affaires québécois et canadiens ont leur place en Asie. Cette région du monde regorge d'occasions d'affaires.**

La tendance à la mondialisation des marchés, le besoin de plus en plus pressant de produits à haute valeur ajoutée, la baisse de nos exportations et notre dépendance de plus en plus marquée vis-à-vis du marché américain nous incitent à regarder du côté de l'Asie. La nécessité de réduire le taux de chômage et, par le fait même, de réduire les charges sociales des divers paliers de gouvernement ainsi que la valeur incontestable de notre expertise dans bien des domaines d'activité sont d'autres raisons justifiant notre intérêt pour l'Asie.

NOTES

1. MINISTÈRE DES AFFAIRES EXTÉRIEURES DU CANADA, *Guide de l'exportateur : conseils pratiques*, 4e édition, automne 1990, pp. 1-56.

2. ECONOSCOPE, «Canada's Economic Opportunities in the Rising East», *Banque Royale du Canada*, vol. 6, n° 5, juin 1992, p. 11.

ANNEXE A

CHINE

1. L'Ambassade du Canada à Beijing et le Consulat général à Shanghai

L'Ambassade du Canada à Beijing de même que le Consulat général à Shanghai offrent des services de renseignements sur les conditions du marché, les débouchés et sur les secteurs prioritaires en RPC, tels que la foresterie, l'agriculture, la télécommunication, l'énergie, les mines et la pétrochimie.

Ces organismes canadiens entretiennent un vaste réseau de contacts en Chine. Les équipes en place sont efficaces et nettement disposées à aider les gens d'affaires québécois et canadiens désirant obtenir de l'information ou établir des contacts sur place. Le personnel de l'Ambassade du Canada à Hong Kong peut également aider les gens à établir des contacts dans les régions du sud de la Chine.

2. Le Canada China Trade Council

Plus de 120 entreprises canadiennes sont membres du CCTC, qui publie un bulletin mensuel. Le CCTC fait le repérage des occasions d'affaires en RPC. L'organisme fait des arrangements pour des firmes canadiennes afin d'aider celles-ci dans la réalisation d'études de marché, la recherche d'un éventuel partenaire chinois, l'élaboration et l'exécution d'un plan de marketing, ainsi que l'organisation de séminaires au Canada.

3. Le Shanghai Investment & Trust Corporation

Le SITC emploie 500 personnes et chapeaute cinq autres organismes. Il a plus de 50 partenaires dans des coentreprises et englobe trois bureaux à l'étranger. L'organisme fournit de l'information aux gens d'affaires étrangers, recherche des partenaires éventuels et s'engage directement dans des coentreprises.

4. Le Pudong Development Office of Shanghai Municipality

Le mandat du PDOSM est de coordonner le développement avec Beijing, de développer la région, de faire des propositions à Beijing et de contrôler la planification urbaine (eau, égouts).

5. Le Shenzhen Municipal Government Economic Development Bureau

L'organisme a pour principale fonction d'attirer les investisseurs étrangers.

6. La Banque Royale du Canada à Beijing

La Banque Royale du Canada a une équipe de cinq employés à Beijing. Notons que les banques étrangères n'ont pas le droit d'ouvrir de comptes bancaires à Beijing, et elles n'y traitent pas d'affaires bancaires journalières, sauf dans les cinq zones économiques spéciales. Les banques font plutôt de la consultation et maintiennent des marges de crédit pour des clients chinois. Beaucoup d'affaires bancaires se négocient par l'entremise de Hong Kong.

HONG KONG

1. Le Haut-Commissariat du Canada

Le Haut-Commissariat offre de l'information sur le marché, sur les conditions et les structures du commerce et sur la fiscalité. Il peut également donner son avis sur les agents les plus compétents et sur l'opportunité d'être présent aux grandes foires internationales. Enfin, le Haut-Commissariat peut informer les gens d'affaires canadiens quant à l'importance du succès de leurs concurrents sur le marché de Hong Kong.

2. La Chambre de commerce du Canada à Hong Kong

La Chambre peut fournir des renseignements sur le marché et la réputation des divers agents, et établir des contacts entre les gens d'affaires canadiens et leurs homologues de Hong Kong.

3. Le Hong Kong Trade Development Council (TDC)

Le TDC est l'organisme majeur de promotion du commerce à Hong Kong. Son principal rôle est de trouver et d'encourager de nouveaux débouchés outre-mer.

4. La Hong Kong General Chamber of Commerce

Cet organisme favorise le commerce et dispose de nombreux documents sur le commerce à Hong Kong. Les renseignements que cette chambre de commerce est susceptible de fournir sont cependant moins faits sur mesure (pour les gens d'affaires canadiens) que ceux de la Chambre de commerce du Canada à Hong Kong.

TAIWAN

1. La Chambre de commerce du Canada à Taiwan

La Chambre peut fournir sur demande aux gens d'affaires canadiens de l'information à caractère économique et commercial. Elle publie une revue mensuelle, le *Canada-Taiwan Business Review*, qui donne de l'information importante et de première main sur les occasions d'affaires à Taiwan. On y retrouve également une chronique traitant d'affaires canadiennes fructueuses à Taiwan.

2. Le Board of Foreign Trade du ministère des Affaires économiques

Le Board of Foreign Trade du ministère des Affaires économiques donne de l'information et fournit une assistance aux entreprises en copropriété qui proviennent surtout du Japon et des États-Unis.

3. Le China External Trade Development Council (CETRA)

Fondé en 1970, CETRA est le plus important organisme de promotion des affaires à Taiwan. Il est appuyé par des entreprises locales et des exportateurs, et compte un personnel de plus de 600 employés à Taipei. CETRA maintient, en plus, des bureaux d'affaires dans la plupart des grandes villes du monde.

CETRA peut donner des renseignements sur les acheteurs étrangers, les fournisseurs et les exportateurs, et même fournir des statistiques commerciales. L'organisme informe ses clients sur les douanes et les services aux entreprises locales et étrangères. Il donne également de l'information aux entrepreneurs locaux sur les occasions d'affaires qui s'offrent à l'étranger.

CETRA organise des expositions commerciales, autant à Taiwan qu'à l'étranger, tout en exerçant plusieurs autres activités promotionnelles. Il offre également des services de design de produits et d'emballage.

Enfin, CETRA a mis sur pied le Taiwan Industrial Products Services (TIPS) servant à promouvoir les affaires des entreprises locales et étrangères. TIPS effectue une mise à jour constante (sur microfilms de 16 mm) de catalogues de fournisseurs locaux classés selon leurs produits et leurs fournisseurs. Ces microfilms contiennent actuellement 195 000 entrées de plus de 11 500 fournisseurs.

SINGAPOUR

1. Le Bureau de l'agence du Québec

Le Bureau de l'agence du Québec a comme mandat d'indiquer les possibilités d'affaires à Singapour, d'effectuer ou de faire effectuer des rapports de crédit et d'établir des contacts pour des études de marché. Il voit aussi à préparer la première rencontre entre l'agent local et l'investisseur québécois ou à ouvrir les portes des agences gouvernementales de Singapour.

2. Le Haut-Commissariat du Canada

Cet organisme canadien est très actif à Singapour et joue un rôle important. Ses principales fonctions consistent à servir d'intermédiaire entre les sociétés canadiennes et les entreprises locales, à rechercher des débouchés commerciaux à l'intention d'entreprises canadiennes et à réaliser des études de marché pour le compte d'investisseurs canadiens. Il fait aussi des recommandations sur le choix des agents et fixe des rendez-vous avec des gens compétents.

3. L'Association d'affaires Canada-Singapour (Canada-Singapore Business Association)

Le rôle de l'Association d'affaires Canada-Singapour est d'accroître les échanges dans les deux sens et de faciliter les contacts entre les parties.

4. La Chambre de commerce internationale de Singapour (Singapore International Chamber of Commerce)

Cette Chambre se donne l'objectif de fournir une assistance documentaire, de traiter des documents du gouvernement local, de préparer la documentation destinée aux foires, de faire du *lobbying*, de mener des enquêtes commerciales, de rédiger des communiqués de presse, de recevoir les missions commerciales étrangères et de répondre aux entreprises qui veulent visiter le pays.

5. Le Singapore Trade Development Board (STDB)

Cet organisme est responsable de tous les aspects du commerce, dont la promotion des exportations, l'établissement de politiques commerciales et la compilation de statistiques. La mission du STDB est de promouvoir l'expansion du commerce global de Singapour.

Le Singapore Trade Development Board participe aux foires internationales partout dans le monde. Il existe à Singapour plus de 200 foires, séminaires et missions annuelles (soit des groupes de 10 entrepreneurs locaux réunis en pays étranger pour visiter et échanger).

6. L'Economic Development Board of Singapore (EDBS)

L'EDBS est un organisme destiné à promouvoir l'industrie et l'exportation à Singapour. Il joue un rôle important dans le développement économique de Singapour.

L'EDBS identifie les champs d'activité prometteurs et encourage les entrepreneurs locaux et étrangers à s'y intéresser. De plus, il aide les investisseurs à acquérir des terrains, des usines, du financement et de la main-d'œuvre. Par ailleurs, la Division du développement industriel de l'EDBS aide les futurs investisseurs à coordonner leurs négociations avec tous les autres paliers de gouvernement.

Cet organisme aide les entreprises étrangères à se trouver un partenaire local afin d'établir des coentreprises. Plusieurs incitatifs financiers sont également offerts, dont des exemptions d'impôt pouvant s'étendre sur 10 ans.

7. La Small and Medium Enterprise Division (SMED)

La Division sert au développement des PME et à l'encouragement de l'esprit d'entrepreneurship. Elle peut procurer une aide financière et technique aux nouvelles entreprises.

8. La Jurong Town Corporation (JTC)

La JTC a été créée afin de servir au développement et à la gestion des terrains et des diverses immobilisations.

9. Le National Productivity Board (NPB)

Ce bureau a pour objectif de promouvoir le développement d'une nation hautement productive.

10. L'Export and Import Promotion Board

Cet organisme a pour mandat d'encourager les entreprises étrangères à développer des affaires à Singapour.

ANNEXE B

ADRESSES UTILES

CANADA

Ministère des Affaires extérieures
Direction de l'expansion du commerce
en Asie de l'Est (PNC)
Édifice Lester B. Pearson
125, promenade Sussex
Ottawa (Ontario)
K1A 0G2

Téléphone : (613) 995-8705

Centre du commerce international
Tour de la Bourse
800, place Victoria
C.P. 247
Montréal (Québec)
H4Z 1E8

Télécopieur : (514) 283-8185
Téléphone : (514) 283-8794

Direction de l'expansion du commerce en Asie de l'Est
Ministère des Affaires extérieures et
du Commerce extérieur (AECEC)
125, promenade Sussex
Ottawa (Ontario)
K1A 0G2

Télécopieur : (613) 996-4309
Téléphone : (613) 992-7359

Conseil commercial Canada-Chine
133, rue Richmond Ouest, bureau 310
Toronto (Ontario)
M5H 2L3

Télécopieur : (416) 364-7894
Téléphone : (416) 364-8321

Association des exportateurs canadiens
99, rue Bank
Ottawa (Ontario)
K1P 6B9

Association des importateurs canadiens
World Trade Center
60, rue Harbour
Toronto (Ontario)
M5J 1B7

Téléphone : (416) 862-0002

The Hong Kong Trade Development Council
Immeuble National
347, rue Bay
Toronto (Ontario)
M5H 2R7

Télécopieur : (416) 366-3594
Téléphone : (416) 366-3594

CETRA
Far East Trade Service, Inc.
1800, av. McGill College, bureau 2108
Montréal (Québec)
H3A 3J6

Télécopieur : (514) 844-9246
Téléphone : (514) 844-8909

RÉPUBLIQUE POPULAIRE DE CHINE

Ambassade du Canada
10 San Li Tun Road
Chao Yang District
Beijing 100600
People's Republic of China

Télécopieur : (011-86-1) 532-4072
Téléphone : (011-86-1) 532-3031

Consulat général du Canada
4th Floor Union Building
100 Yan'an Road East
Shanghai 200002
People's Republic of China

Télécopieur : (011-86-21) 320-3623
Téléphone : (011-86-21) 320-2822

Foreign Investment Administration
Ministry of Foreign Economic Relations and Trade (MOFERT)
2 Dong Chang An Jie
Beijing, C.P. 100731
People's Republic of China

State Commission for Restructuring the Economic Systems
22 Xi An Men Street
Beijing
People's Republic of China

Ministry of Foreign Economic Relations and Trade
2 East Changan Street
Beijing 100731
People's Republic of China

Canada China Trade Council
Suite 18-2, CITIC Building
19 Jianguomenwai St.
Beijing 100004
People's Republic of China

University of International Business and Economics
Box 80
Beijing 100029
People's Republic of China

The Research Institute on the Economic System and
Management
The State Commission for Restructuring
the Economic Systems
11 Rendinghu Beixiang
Huangsi St.
Beijing
People's Republic of China

Economic Research Center of State Planning Commission
38 Yuetan Nanjie
Beijing
People's Republic of China

The Royal Bank of Canada
Suite 0618-0620
China World Tower No. 1 Jianguomenwai Ave.
Beijing 100004
People's Republic of China

Shanghai Investment and Trust Corp.
3/F Union Building
100 Yanan Road E.
Shanghai 200002
People's Republic of China

Pudong Development Office of Shanghai Municipality
141 Pudong Ave.
Shanghai 200120
People's Republic of China

Shanghai Foreign Investment Commission
55 Lou Shan Guan Road
Xin Hong Bridge Building
Shanghai 200335
People's Republic of China

Shanghai Investment & Trust Corp.
3/F Union Building
100 Yanan Road E.
Shanghai 200002
People's Republic of China

The Planning Economics Institute of Guangdong Province
305 Dong Feng Centre Road
Guangzhou
People's Republic of China

The Hong Kong & Shanghai Banking Corporation Ltd.
Room 1363-1364
China Hotel Office Tower
Liu Hua Lu
Guangzhou
People's Republic of China

Shenzhen Municipal Government
Economic Development Bureau
Room 415-417, 4/F
8 Shangbu Road
Shenzhen
People's Republic of China

HONG KONG

Quebec Government Office in Hong Kong
Bond Center, East Tower, 19th Floor
89 Queensway
Hong Kong

Télécopieur : (011-852) 845-3889
Téléphone : (011-852) 810-9332

Ambassade du Canada
13th Floor, Tower One
Exchange Square
8 Connaught Place, Central
G.P.O. Box 11142
Hong Kong

Télécopieur : (011-852) 847-7436
Téléphone : (011-852) 847-7414

The Canadian Chamber of Commerce in Hong Kong
13th Floor, Tower One
Exchange Square
8 Connaught Square Central
G.P.O. Box 1587
Hong Kong

Télécopieur : (011-852) 845-1654
Téléphone : (011-852) 524-4711

The Chinese General Chamber of Commerce
7\F, Chinese Chamber of Commerce Building
24-25 Connaught Road Central
Hong Kong

Télécopieur : (011-852) 845-2610
Téléphone : (011-852) 525-6385

The Chineese Manufacturers' Association
of Hong Kong
2-4th Floors
C.M.A. Building
64-66 Connaught Road Central
Hong Kong

Télécopieur : (011-852) 541-4541
Téléphone : (011-852) 545-6166

TAIWAN

The Canadian Chamber of Commerce
Canadian Trade Office in Taipei
Suite 707, Bank Tower, 13th Floor
365 Fu Hsing North Road
Taipei 10483
Taiwan

Télécopieur : (011-886-2) 712-7244
Téléphone : (011-886-2) 713-7268

China External Trade Development Council (CETRA)
CETRA Tower, 5/F
333, Keelung Road, Sec. 1
Tapei 105
Taiwan

Télécopieur : (011-886-2) 757-6921
Téléphone : (011-886-2) 725-5200

International Trade Association of the Republic of China
8\F, 148 Chunghsiao E. Road, Section 4
Taipei
Taiwan

Télécopieur : (011-886-2) 752-2411
Téléphone : (011-886-2) 751-6534

Board of Foreign Trade
No. 1, Hu Kou Street
Taipei
Taiwan

Taiwan Institute of Economic Research
11/F 23 Hung Chou S. Road
Section 1
Taipei
Taiwan

Council for Economic Planning & Development
10/F 87 Nanking E. Road
Section 2
Taipei
Taiwan

SINGAPOUR

Republic of Singapore Canadian High Commission
14th Floor, IBM Towers
80 Anson Road
Singapour 0207

Télécopieur : (011-65) 225-2450
Téléphone : (011-65) 225-6363

Canada Singapore Business Association
329 River Valley Road #21-03
Yong An Park
Singapour 0923

Development Bank of Singapore Ltd.
6 Shenton Way
DBS Building
Singapour 0106
Téléphone : (011-65) 220-1111

Economic Development Board of Singapore
250 North Bridge Road #24-00
Raffles City Tower
Singapour 0617
Téléphone : (011-65) 336-2288

Singapore Trade Development Board
1 Maritime Square #10-40
World Trade Centre
Telok Blangah Road
Singapour 0409
Téléphone : (011-65) 271-9388

Office of the Agent of Quebec
435 Orchard Road #17-05/06
Wisma Atria
Singapour 0923

Singapore Manufacturers Association
SMA House
20 Orchard Road
Singapour 0923

Singapore International Chamber of Commerce and Industry
50 Raffles Place #03-02
Shell Tower
Singapour 0104

COLLECTION
ENTREPRENDRE

Comment trouver son idée d'entreprise (2ᵉ édition)
Découvrez les bons filons
Sylvie Laferté
19,95 $
160 pages, 1993

Profession : entrepreneur
Avez-vous le profil de l'emploi?
Yvon Gasse et Aline D'Amours
19,95 $
140 pages, 1993

Entrepreneurship et développement local
Quand la population se prend en main
Paul Prévost
24,95 $
200 pages, 1993

L'Entreprise familiale (2ᵉ édition)
La relève, ça se prépare!
Yvon G. Perreault
24,95 $
292 pages, 1993

le Crédit en entreprise
Pour une gestion efficace et dynamique
Pierre A. Douville
19,95 $
140 pages, 1993

La Passion du client
Viser l'excellence du service
Yvan Dubuc
19,95 $
210 pages, 1993

Entrepreneurship technologique
21 cas de PME à succès
Roger A. Blais et Jean-MarieToulouse
29,95 $
416 pages, 1992

Devenez entrepreneur (2ᵉ édition)
Pour un Québec plus entrepreneurial
Paul-A. Fortin
27,95 $
360 pages, 1992

Les Secrets de la croissance
4 défis pour l'entrepreneur
Sous la direction de Marcel Lafrance
19,95 $
272 pages, 1991

Correspondance d'affaires
Règles d'usage françaises et anglaises
et 85 lettres modèles
Brigitte Van Coillie-Tremblay, Micheline Bartlett
et Diane Forgues-Michaud
24,95 $
268 pages, 1991

Relancer son entreprise
Changer sans tout casser
Brigitte Van Coillie-Tremblay
24,95 $
162 pages, 1991

Autodiagnostic
L'outil de vérification de votre gestion
Pierre Levasseur, Corinne Bruley et Jean Picard
16,95 $
146 pages, 1991